Kosmos-Bibliothek Band 276

Dieter Matthes

Vom Liebesleben der Insekten

Kleine Sittengeschichte der Sechsbeiner

Kosmos
Gesellschaft der Naturfreunde
Franckh'sche Verlagshandlung
Stuttgart

Umschlag von Edgar Dambacher unter Verwendung eines Dias
von Hans Pfletschinger
Das Bild zeigt zwei Marienkäfer bei der Begattung
Mit 37 Zeichnungen im Text
nach Busnel, Engelmann, Eidmann, Heymer, Magnus, Matthes, Meisenheimer,
Schaller, Scheloske, Seifert, Tinbergen, Urania-Tierreich, Weber, Wesenberg-Lund,
Wille (verändert)
13 Fotos sowie 2 Zeichnungen auf 8 Tafeln

Die Bände der Kosmos-Bibliothek erscheinen als
Vierteljahres-Buchbeigaben der Monatshefte

Kosmos — Bild unserer Welt

Für die Bezieher (Mitglieder) des Kosmos bilden sie einen Bestandteil
der Abonnements-Leistung
273: Schurz, „Warum quillt die Kirsche?"
274: Ekrutt, „Der Kalender im Wandel der Zeiten"
275: Heß, „Fahrplan der Gene"
276: Matthes, „Vom Liebesleben der Insekten"
Über Veröffentlichungen, Bedingungen und Leistungen des Kosmos unterrichtet
Sie jede Buchhandlung oder die Hauptgeschäftsstelle des „Kosmos":
7 Stuttgart 1, Postfach 640

Franckh'sche Verlagshandlung, W. Keller & Co., Stuttgart / 1972
LH 14 Ste / ISBN 3-440-00276-4 / Printed in Germany / Imprimé en Allemagne
Gesamtherstellung: Konrad Triltsch, Graphischer Betrieb, 87 Würzburg

Vom Liebesleben der Insekten

An den Leser

Wußten Sie schon, daß es eine Million verschiedener Insektenarten gibt, daß dies 75% aller bekannten Tiere sind, und daß wir deshalb im Zeitalter der Insekten leben? Dieses gewaltige Heer sechsbeiniger Geschöpfe hat sämtliche Lebensräume unserer Erde mit Ausnahme des Meeres erobert und sich alle nur erdenklichen Nahrungsquellen erschlossen. Im Laufe ihrer fast dreihundert Millionen Jahre währenden Geschichte haben die Insekten eine Fülle biologischer Anpassungen erfahren, deren Raffinesse selbst den Menschen unseres hochtechnisierten Zeitalters in Erstaunen setzt. Man könnte über die Lebensweise dieser Tiergruppe, die nicht nur lästiges Ungeziefer, sondern in der Mehrzahl wirklich reizvolle Gestalten hervorbrachte, dicke Bücher schreiben. Das hat man auch getan. Dies hier ist ein kleines Buch, das Ihnen über das Interessanteste aus dem Liebesleben dieser Tiere berichten soll, von einem Teil ihrer Lebensweise, der mir durch eigene Untersuchungen besonders vertraut ist. Sie sollen erfahren, wie Schmetterlinge ihre Partner finden, warum Grillen, Heuschrecken und Zikaden musizieren, weshalb Leuchtkäfer leuchten, was es mit den Schwärmen tanzender Mücken auf sich hat, wie Männchen ihre spröden Weibchen betören, daß sie sogar Hochzeitsgeschenke überreichen und vieles andere mehr.

Wenn Sie mein Bericht dazu führt, das Zirpkonzert in einer sommerlichen Wiese mit anderen Ohren zu hören als bisher, wenn Sie selbst eine Schabe oder eine blutsaugende Mücke hernach mit anderen Augen sehen, dann hat dieser Band der Kosmos-Bibliothek seine Aufgabe erfüllt.

Was ist ein Insekt, und woran erkennt man es?

Insekten gehören wie Krebse, Spinnentiere und Tausendfüßler zu den Gliederfüßlern (Arthropoda), die alle ein gegliedertes äußeres Skelett, einen Panzer aus Chitin, besitzen. Für Insekten ist eine deutliche Dreiteilung ihres Körpers in Kopf, Brust und Hinterleib und der Besitz von drei an den drei Brustabschnitten eingelenkten Beinpaaren kennzeichnend. Ihren sechs Beinen verdanken sie auch den Namen „Hexapoda", und wenn man bei einem gepanzerten Gliederfüßler über seine Insektenzugehörigkeit im Zweifel ist, braucht man nur seine Beine zu zählen. Eine fast ebenso wichtige Eigenheit des Insektenbauplanes (Bild 1) sind die vier Flügel, die aus Hautfalten der letzten beiden Brustabschnitte gebildet werden. Es gibt aber auch Insekten, die wie Mücken und Fliegen ein Flügelpaar im Laufe ihrer Stammesgeschichte eingebüßt haben. Die Flöhe sind sogar völlig flügellos, legten sich dafür aber Sprungbeine zu. Dennoch gehören sie zur großen Zahl jener Insekten, bei denen Flügel sozusagen zur Grundausstattung gehören. Diesen „Pterygota" stehen allerdings einige kleine, primitive Insektengruppen gegenüber, die von vornherein flügellos sind, da sie von flügellosen Vorfahren abstammen. Man faßte sie früher als Flügellose (Apterygota) zusammen.

Wie auch die Tausendfüßler sind die Insekten Tracheentiere, d. h. sie atmen durch feine, Tracheen genannte Röhren, die an der Körperoberfläche durch Atemlöcher (Stigmen) mit der Außenwelt in Verbindung stehen und mit feinen Verzweigungen allen Organen des Insektenkörpers Luft zuführen.

Noch ein Zweites haben sie mit Tausendfüßlern gemeinsam: sie tragen am Kopf nur ein Fühlerpaar. Diese meist reich gegliederten Anhänge sind, wie auch die paarigen Mundwerkzeuge des Kopfes, als umgebildete Extremitäten aufzufassen. Sie tragen Organe des Tast- und Geruchssinnes. Am Kopf befinden sich auch die oft verhältnismäßig großen Augen, die aus einer Vielzahl von Einzelaugen zusammengesetzt sind und deshalb als Komplexaugen bezeichnet werden. Sie stehen als Sinnesorgane mit dem

Gehirn in Verbindung, das durch zwei den Vorderdarm umgreifende Nervenstränge mit dem Unterschlundganglion verknüpft ist. Von diesem Unterschlundganglion, das eine Ansammlung von Nervenzellen darstellt, zieht unter dem Darmkanal ein Paar von Nervensträngen nach hinten, das in jedem Brust- und Hinterleibsabschnitt zu einem Nervenknoten (Ganglion) verdickt ist. Außerdem können noch drei kleine Stirnaugen ausgebildet sein. Am Kopf befindet sich selbstverständlich die Mundöffnung. Sie ist von den Mundwerkzeugen umgeben, die dem Insekt die Nahrungsaufnahme ermöglichen. Ursprünglich haben die Mundteile kauend-beißende Funktion. Unter einer unpaaren Oberlippe sind zwei kräftige Oberkiefer eingelenkt. Sie dienen zum Beißen und Kauen. Auf sie folgen die kompliziert gebauten Unterkiefer, deren Funktion sehr verschiedenartig ist; sie dienen zum Halten der Nahrung oder nehmen an deren Zerkleinerung teil. Jeder der beiden Unterkiefer trägt einen Taster (Kiefertaster), an dessen Spitze sich Geschmacksorgane zur Nahrungsprüfung befinden. Abgeschlossen wird der Mundvorraum durch die Unterlippe, die dem Unterkiefer ähnelt, nur daß hier die ursprünglich paarigen Anhänge zu einem einheitlichen Gebilde verschmolzen sind. Auch die beiden Taster der Unterlippe (Lippentaster) tragen an ihren Spitzen Organe des Geschmackssinnes. Die Unterlippe nimmt an der Nahrungszerkleinerung nicht teil, sondern sie ist nur ein Hilfsorgan, das ein Ausgleiten der Nahrungsteile verhindern soll. In Anpassung an die Ernährungsweise hat dieser Grundtyp der Insektenmundwerkzeuge eine Fülle von Abwandlungen erfahren, von denen nur die leckend-saugenden Mundteile der Bienen und Schmetterlinge und die stechend-saugenden Mundwerkzeuge von Wanzen und Mücken erwähnt sein sollen. So gilt für die Insekten der Ausspruch des französischen Naturforschers CUVIER: „Montrez-moi vos dents et je vous dirai qui vous êtes." *

Der Hinterleib des Insekts ist in einzelne Abschnitte gegliedert, die durch weiche Membranen miteinander verbunden sind. Dank dieser elastischen Verbindungen bleibt er dehnungsfähig. Der Hinterleib enthält den Hauptabschnitt des Darmkanals sowie die Ausscheidungs- und Geschlechtsorgane. Die männlichen Geschlechtsorgane bestehen aus den Hoden und den paarigen Samenleitern, die sich zum Samengang vereinigen, dessen Öffnung in

---

* Zeigt mir Eure Zähne und ich werde Euch sagen, wer Ihr seid.

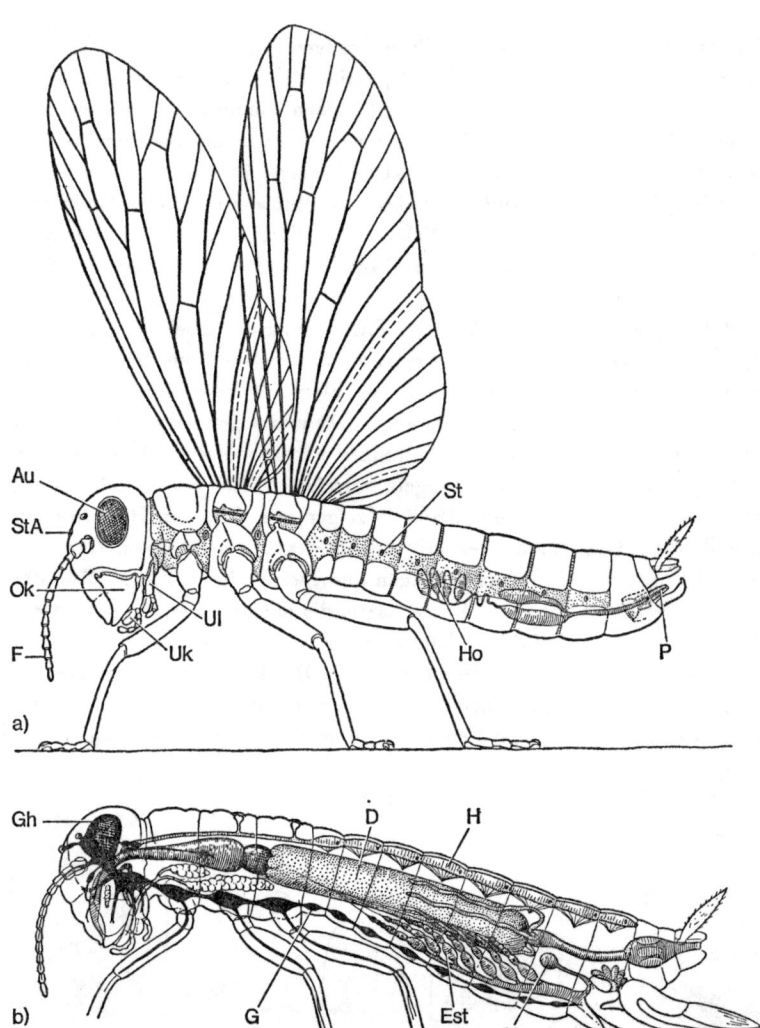

Bild 1. Bauplan eines Insekts. **a** Männchen, **b** Weibchen mit inneren Organen. **Au** Komplexauge, **StA** Stirnauge, **Ok** Oberkiefer, **Uk** Unterkiefer, **Ul** Unterlippe, **F** Fühler, **St** Stigma, **Ho** Hoden, **P** Penis, **Gh** Gehirn, **G** Ganglion, **D** Darm, **H** Herz, **Est** Eierstock, **Sb** Samenbehälter.

der Regel an der Spitze eines röhrenförmigen Begattungsgliedes (Penis) liegt. Im weiblichen Geschlecht sind paarige Eierstöcke ausgebildet, deren Eileiter sich zu einem unpaaren, nach außen mündenden Endgang vereinigen. Häufig besitzen die Weibchen noch einen Samenbehälter (Receptaculum seminis). Im Hinterleib liegt auch das Herz des Insekts, ein kontraktiler Abschnitt des Rückengefäßes, der Blut aus der Leibeshöhle aufnimmt und nach vorn pumpt. Neben Muskulatur, die wir vor allem in Kopf und Brust finden, enthält der Hinterleib noch ein wichtiges Speicherorgan, den sogenannten Fettkörper.

Gestatten Sie mir noch ein Wort zur Entwicklung der Insekten, die grundsätzlich auf zwei verschiedenen Wegen vor sich gehen kann. Bei ursprünglichen Insekten schlüpft aus dem Ei ein kleines Jugendstadium, das dem erwachsenen Insekt schon recht ähnlich sieht und sogar schon Anlagen der Flügel besitzt. Unter mehreren Häutungen wächst dieses Insektenkind zum fertig ausgebildeten und mit Flügeln versehenen Tier heran. Eine derart unvollkommene Verwandlung (Bild 2) zeigen u. a. Schaben, Heuschrecken und Wanzen. Ganz anders verläuft die Entwicklung bei Käfern, Hautflüglern (Biene, Ameise), Schmetterlingen und Zweiflüglern (Fliege, Mücke): Bei ihnen schlüpft aus dem Ei eine Larve, die mit dem erwachsenen Insekt überhaupt keine Ähnlichkeit hat. Denken Sie nur an die Raupe eines Schmetterlings oder die Made einer Fliege. Die Entwicklung zum erwachsenen Insekt kann hier nicht allmählich vor sich gehen, sondern es ist ein tiefgreifender Umbau vonnöten, der sich in der sogenannten Puppe voll-

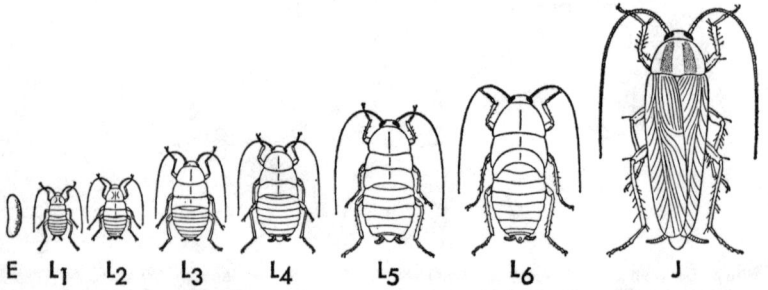

E L₁ L₂ L₃ L₄ L₅ L₆ J

Bild. 2. Die Entwicklungsstadien der Deutschen Schabe als Beispiel für eine unvollkommene Verwandlung. E Ei, L₁–L₆ Larvenstadien, J erwachsene Schabe.

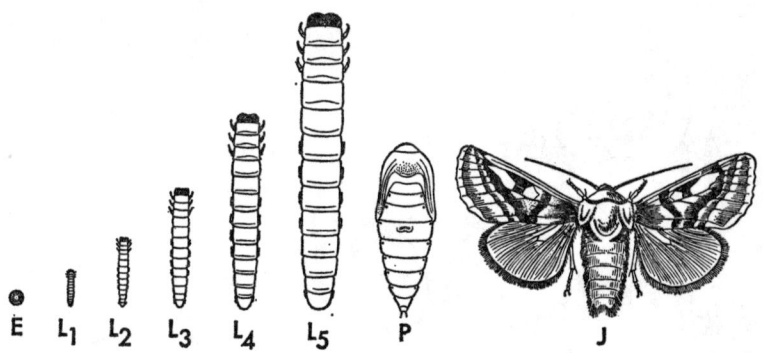

Bild 3. Schmetterlinge, auf unserem Bild die Forleule, haben eine vollkommene Verwandlung. E Ei, L_1–L_5 Larvenstadien (Raupe), P Puppe, J erwachsener Falter.

zieht, die nur äußerlich ein Ruhestadium darstellt. Man spricht hier von einer vollkommenen Verwandlung (Bild 3).

Es werden etwa dreißig Insektenordnungen unterschieden, von denen durchaus nicht alle Vertreter in unsere kleine „Sittengeschichte" entsandt haben.

Zweigeschlechtlichkeit und Jungfernzeugung

Auch die Insekten treten in zwei Geschlechtern auf. Männchen und Weibchen können, vom Bau ihrer Geschlechtsorgane abgesehen, völlig gleich gestaltet sein, oder aber sie sind hinsichtlich irgendeiner nur indirekt im Dienste des Liebeslebens stehenden Einrichtung deutlich voneinander unterschieden. Am bekanntesten ist das „Geweih" des Hirschkäfers. Nur beim Männchen sind die Oberkiefer zu dieser für Rivalenkämpfe verwendeten „Sexualwaffe" umgebildet (Bild 4). Derartige Geschlechtsunterschiede nennt man auch sekundäre Geschlechtsmerkmale.

Die im Tierreich so weit verbreitete Zweigeschlechtlichkeit hat den Vorteil,

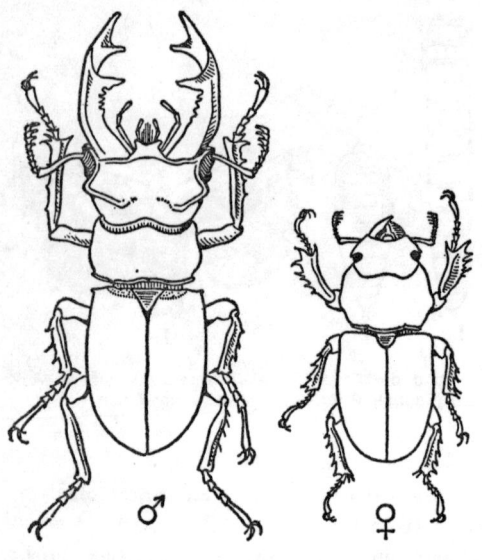

daß sie stets zur Neukombination vorhandener Erbanlagen führt und damit neue Eigenschaften für die natürliche Auslese (Selektion) liefert. Endziel aller Geschehnisse, die wir hier kennenlernen, ist die Vereinigung der Geschlechtszellen, also die Besamung der weiblichen Eizelle, der in der Regel die Begattung vorausgeht, bei der das Männchen seinen Penis in die weiblichen Geschlechtswege einführt. Von hier gelangen die Samenfäden zunächst in einen Samenbehälter, in dem das kostbare Gut eine Zeitlang aufbewahrt werden kann. Bei Schmetterlingen, Geradflüglern — zu denen Heuschrecken und Grillen gehören — und noch einer ganzen Reihe anderer Insektengruppen übergibt das Männchen seinen Samen als Paket in einer oft kompliziert gebauten Umhüllung, der sogenannten Spermatophore. Aus dieser wandern dann die Spermien selbständig zum weiblichen Samenbehälter. Daß es darüber hinaus noch umständlichere, aber auch viel einfachere Wege der Samenübertragung gibt, werden wir noch erfahren.

Meine männlichen Leser mögen es glauben oder nicht, im Tierreich geht es auch ohne Männchen! Grundsätzlich kann sich eine Eizelle auch ohne Besamung entwickeln. Eine solch eingeschlechtliche Fortpflanzung oder Jungfernzeugung (Parthenogenese) kommt in vielen Tiergruppen und auch bei den Insekten vor. An ihnen, nämlich den Blattläusen, wurde dieser seltsame Vorgang sogar entdeckt. Allerdings sind bei den Blattläusen die Männchen nicht völlig ausgeschaltet, denn eine oder mehrere sich durch

Jungfernzeugung vermehrende Generationen wechseln regelmäßig mit einer zweigeschlechtlichen Generation ab. Da die durch Jungfernzeugung entstandenen Tiere zunächst stets Weibchen sind, die, unbefruchtet, lebende Junge zur Welt bringen, kommt es durch Jungfernzeugung zu einer rapiden Massenvermehrung der Blattläuse. Auch Stabheuschrecken können sich ohne Besamung fortpflanzen. Bei einer Art *(Carausius morosus)* überwiegt die stets Weibchen hervorbringende Jungfernzeugung, und das andere Geschlecht ist so rar geworden, daß auf 2000—3000 Weibchen nur noch fünf Männchen kommen. Daß es auch bei unserer Honigbiene *(Apis mellifera)* Jungfernzeugung gibt, entdeckte vor rund hundert Jahren ein schlesischer Landpfarrer. Die Bienenkönigin, die ungefähr vier bis fünf Jahre alt wird, läßt sich auf ihrem Hochzeitsflug von mehreren Drohnen begatten. Von da an bewahrt sie in ihrem Samenbehälter die dabei erworbenen Spermien auf. Bei der Ablage eines Eies kann die Königin aus dem Behälter Samenfäden hinzugeben und das Ei befruchten. Geschieht dies, dann entwickeln sich aus den befruchteten Eiern weibliche Larven, die sich je nach ihrer Fütterung zu Arbeiterinnen oder zur Königin entwickeln. Läßt sie aber ein Ei unbefruchtet, dann entsteht durch Jungfernzeugung eine Drohne, ein Männchen. Befruchtung oder Nichtbefruchtung entscheiden hier somit über das Geschlecht der Nachkommenschaft. Geht der Königin der Samenvorrat einmal aus, dann kann sie nur noch Eier legen, aus denen Männchen hervorgehen — der Bienenstock wird „drohnenbrütig".

Durch Jungfernzeugung können bei Insekten sogar Kinder Kinder bekommen. In den Larven der Gallmücken vermögen sich nämlich bereits Eierstöcke und Eier zu bilden, die sich zu Embryonen und Junglarven weiterentwickeln. Die Mutterlarve ist dann von lauter kleinen Larven erfüllt, die auf ihre Kosten herangewachsen sind. Am Ende ist die mütterliche Larve nur noch ein toter Sack, der von der neuen Generation gesprengt und verlassen wird. Eine Entwicklung zum fertigen Insekt und eine zweigeschlechtliche Vermehrung wäre also gar nicht nötig. Trotzdem schreiten unter bestimmten Bedingungen auch Larven zur Verpuppung, und es entwickeln sich erwachsene Mücken beiderlei Geschlechts. Aus den befruchteten Eiern kriechen wieder künftige Larvenmütter. In der Mitte des vorigen Jahrhunderts entdeckte der deutsche Entomologe N. WAGNER diese larvale Jungfernzeugung, die man auch Pädogenese nennt, an der

Gallmücke *Miastor*. Er schilderte seine Entdeckung in einem Manuskript, das er an Professor VON SIEBOLD schickte, dem Herausgeber der „Zeitschrift für wissenschaftliche Zoologie". VON SIEBOLD lehnte die Arbeit ab, weil er die Geschichte einfach nicht glaubte. Schließlich wurde aber die Entdeckung WAGNERS von anderer Seite bestätigt. Sein Manuskript wurde gedruckt und er sogar mit einem Preis ausgezeichnet.

Das Verhalten ist programmiert

Eine das Ei verlassende kleine Wanze kann sofort laufen, ein aus der Puppe schlüpfender Schmetterling kann, sobald seine Flügel erhärtet sind, sofort fliegen. Wanze und Falter sind diese Fähigkeiten angeboren. Jedes Tier, und damit auch jedes Insekt verfügt über eine Fülle solch angeborener Verhaltensweisen, die man Erbkoordinationen oder Instinkthandlungen nennt. Diese Handlungen sind im Nervensystem sozusagen vorprogrammiert, und es werden von dort der Muskulatur die entsprechenden Befehle gegeben. Allerdings sind die befehlenden Nervenzellen ständig in Tätigkeit, und es bedarf eines besonderen Mechanismus, der die Absendung der Befehle verhindert und nur im richtigen Moment gestattet. Einen solchen Mechanismus gibt es im Nervensystem tatsächlich, und die Verhaltensforscher nennen ihn den „angeborenen auslösenden Mechanismus". Diese etwas unglückliche Bezeichnung kürzt man auch zu AAM ab. Woher aber weiß dieser Mechanismus, zu welchem Zeitpunkt er die Befehlsenergie für eine ganz bestimmte Instinkthandlung freigeben muß? Die Antwort ist einfach. Jeder dieser Mechanismen reagiert auf einen ganz bestimmten, von außen kommenden Reiz oder eine Reizkombination. Sobald dieser Reiz wahrgenommen wird, löst der AAM die Sperre, und die Instinkthandlung läuft ab.

Auch im Geschlechtsleben der Insekten werden die einzelnen Handlungen durch bestimmte Reize oder Signale in Gang gesetzt. Diese „Auslöser", so nennt man sie, können optische Eindrücke, akustische Signale, Berührungen oder vom Partner ausgesandte Düfte sein. Besonders der akustischen und der chemischen Methode bedienen sich die Insekten sehr oft. Diese Signale, für die der Adressat selbstverständlich die nötigen Empfänger, wie Auge oder Geruchsorgane, besitzen muß, können der Anlockung des Partners, der Erkennung des Geschlechtes und der Herbeiführung der Paarungsbereitschaft dienen.

Samen am Stiel

Unpersönlicher geht es nicht

Springschwänze (Collembolen) sind sehr urtümliche Insekten, die meist nur ein bis zwei Millimeter groß sind und keine Flügel besitzen. Diese Flügellosigkeit zeigten vor 400 Millionen Jahren schon ihre Vorfahren, die uns als Versteinerungen aus dem mittleren Devon erhalten sind. Legt man so einen kleinen Kerl unter das Mikroskop, dann sieht man am Hinterleib eine Springgabel, mit deren Hilfe sich das Insekt in die Luft schnellen kann. Die Männchen dieser winzigen bodenbewohnenden Tiere kümmern sich überhaupt nicht um ihre Weibchen und pflegen eine höchst unpersönliche Form der Besamung. Sie setzen ihren Samen in Form gestielter Tröpfchen, von denen sie in zwei bis drei Tagen weit über hundert Stück produzieren können, einfach am Boden ab. Die Weibchen finden diese Samentröpfchen offenbar mit den Geruchsorganen ihrer Fühler, und wenn sie über legereife Eier verfügen, machen sie von dem freundlichen Angebot Gebrauch und nehmen den Tropfen mit ihrer Geschlechtsöffnung auf. Männchen, die beim Umherlaufen auf solche Samentropfen stoßen, überprüfen sie mit ihren Fühlern. Zu alt befundene Erzeugnisse werden verspeist und durch neue ersetzt.

Nicht alle Springschwänze meiden das weibliche Geschlecht

Der auf unseren Seen und Weihern lebende Wasserspringschwanz *(Podura aquatica)* tritt oft in solchen Massen auf, daß man meint, ein schwarzes

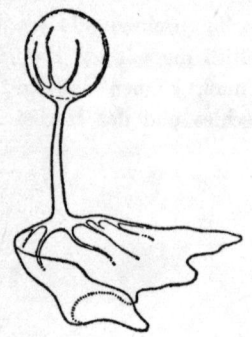

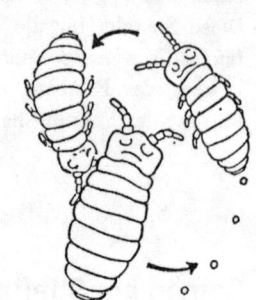

Bild 5. Gestieltes Samentröpfchen vom Wasserspringschwanz.

Bild 6. Das Podura-Männchen hat im Halbkreis um das deutlich größere Weibchen vier gestielte Samentröpfchen auf die Wasseroberfläche gesetzt, um dann die Partnerin auf diese hinzustoßen.

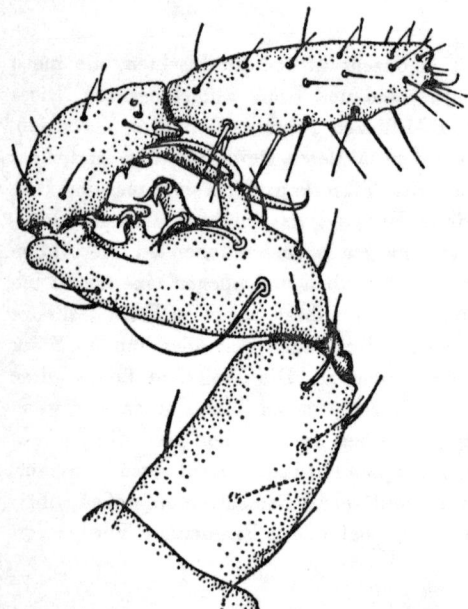

Bild 7. Das Männchen des Wasserkugelspringers hat einen Klammerapparat an seinen Fühlern, mit dem es sich an denen des Weibchens festhält.

Pulver sei auf die Wasseroberfläche gestreut worden. Die Männchen sind hier weitaus aktiver als ihre bodenbewohnenden Genossen. Sie suchen sich ein Weibchen, betrommeln es mit den Fühlern und veranlassen es durch stoßende Bewegungen zum Stillsitzen. Dann setzt das Männchen im Halbkreis um das Weibchen drei bis vier gestielte Samentröpfchen (Bild 5) auf die Was-

Tafel 1. Grillenmännchen bei der elektrischen Hirnreizung durch eine eingeführte Elektrode. Das Tier ist an einem Halter befestigt und hat eine Korkkugel zwischen seinen Beinen, damit es „laufen" kann. Aufnahme: Huber

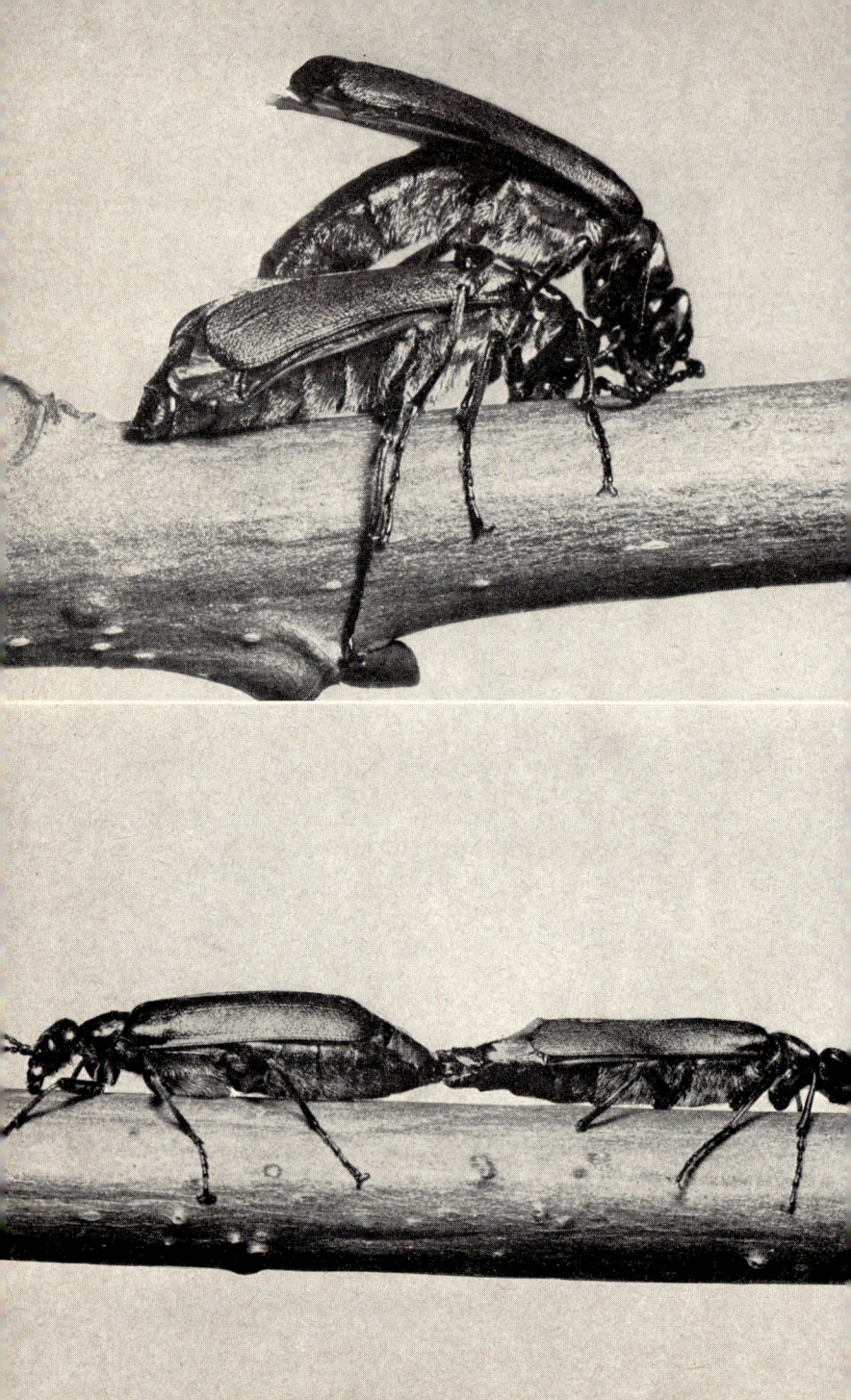

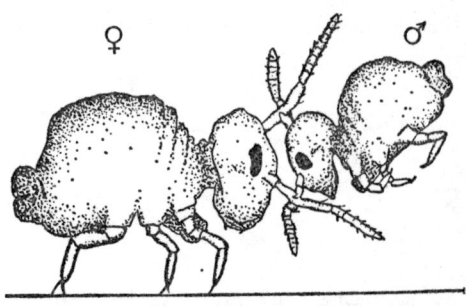

Bild 8. Das Männchen des Kugelspringers läßt sich von seiner Riesendame umhertragen.

♀ ♂

seroberfläche. Ist dies geschehen, wird die *Podura*-Frau auf die Samentröpfchen zugestoßen (Bild 6). Ein recht bequemer Kavalier ist der ebenfalls auf der Wasseroberfläche sich herumtreibende gelbgefärbte Kugelspringer, *Sminthurides aquaticus*. Die Männchen dieses Springschwanzes sind wesentlich kleiner als ihre Weibchen und verfügen über seltsame, zu Klammerorganen umgebildete Fühler (Bild 7). Mit ihnen heften sie sich an den Fühlern eines Weibchens fest und lassen sich oft tagelang herumtragen (Bild 8). „Trotzdem", schreibt Professor SCHALLER, dessen Arbeitsgruppe wir alle diese Untersuchungen danken, „übernehmen sie zu gegebener Zeit das Kommando, lassen sich herab und beginnen einen oft recht mühsam aussehenden Tanz mit ihrer Riesendame." Bei diesem Tanz setzt das Männchen einen gestielten Samentropfen ab und zieht dann seine Partnerin rückwärtsschreitend oder einen Halbkreis beschreibend über den „Samen am Stiel".

Bei anderen Kugelspringern trinkt das Weibchen erst einen Schluck von der Samenflüssigkeit, ehe es den Rest mit der Geschlechtsöffnung aufnimmt.

Das Männchen spannt einen Fallstrick

Das Silberfischchen, dessen Körper mit feinen silberglänzenden Schuppen bedeckt ist, gehört zu den Borstenschwänzen, die wie die Springschwänze primär flügellos sind. Das kleine, sehr flinke und lichtscheue Tier lebt bei

Tafel 2. Oben: Das Männchen der Spanischen Fliege sitzt auf dem Weibchen, hat mit seinen Vorderbeinen dessen Fühler gepackt und schlägt die Partnerin mit dem Hinterleib. Das Foto zeigt einen Schlag auf die linke Flanke.
Unten: Die Spanische Fliege während der Begattung Hinterende an Hinterende. Weibchen links. Aufnahmen: Matthes

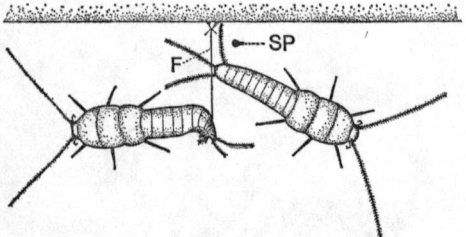

Bild 9. Das Weibchen des Silberfischchens (rechts) stößt mit seinem erhobenen Schwanz an den ausgespannten Faden (F). Dieses Haltesignal veranlaßt es stehenzubleiben und mit der Geschlechtsöffnung nach dem Samenpaket (SP) zu suchen.

uns in feuchten Räumen, vor allem in der Speisekammer und in der Küche. Es frißt tierische und pflanzliche Abfälle und mit besonderer Vorliebe Zucker, weshalb es auch Zuckergast genannt wird und den wissenschaftlichen Namen *Lepisma saccharina* erhielt. In wärmeren Ländern lebt das Silberfischchen auch im Freien.

Die sich bei der Samenübertragung abspielenden Vorgänge schildert uns Professor SCHALLER sehr lebendig: „Männchen und Weibchen betrillern sich eifrig mit den Fühlern. Er ist meist der aktivere und stößt zwischendurch heftig vor, dann läuft er an ihr vorbei, schlägt ihr rasch ein paarmal mit dem Schwanz gegen die Stirn und wendet sich blitzschnell zurück. Wenn sie willig ist, folgt sie bald seinen Läufen. Nun kann er den schwierigen Teil seines Programms ablaufen lassen. Dazu braucht er vor allem eine kleine Wand oder Erhebung, die sich wohl auch leicht überall finden läßt. Er eilt wieder an ihr vorbei und ein Stückchen weg, dreht sich um und schlägt nun schnell mit dem Hinterende mehrmals gegen die Wand. Dabei zieht er Fäden, die schräg von der Wand zum Boden führen. Ebenso

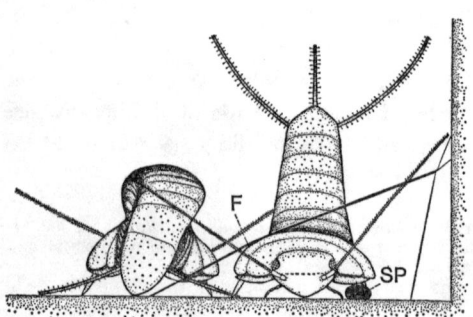

Bild 10. Silberfischchenpaar aus der Froschperspektive. Das Weibchen (rechts), das gerade am Männchen vorbeigehen will, bleibt mit seinem Hinterleib am Faden (F) hängen. Auf dem Boden das Samenpaket (SP).

hastig setzt er dann unter den Fäden eine Samenkapsel auf den Boden. Die Eile, mit der er alles tut, scheint geboten, denn indessen ist die Partnerin herangekommen und läuft, da er sich ihr nun nicht mehr entgegenstellt, mit erhobenem Schwanz seitlich an ihm vorbei. Dabei muß sie die gespannten Fäden berühren (Bilder 9, 10). Im gleichen Moment hält sie inne, senkt den Hinterleib und beginnt damit nach dem Samenpaket zu suchen. Die Aufnahme gelingt in den allermeisten Fällen. Wenn man die Fäden rechtzeitig zerreißt, läuft sie, ohne anzuhalten, achtlos über die Samenkapsel hinweg, was beweist, daß jene als eine Art Haltesignal anzusehen sind."

Der Felsenspringer hält den Faden selbst

Zu den Borstenschwänzen gehören auch die Felsenspringer (Machiliden). Man findet sie an steinigen Orten, an Mauern und vor allem an Felsen bis zu einer Höhe von 3000 m. Sie ernähren sich von pflanzlicher Kost wie Algen und Flechten. Wenn sie fliehen, schnellen sich die ungefähr 12 mm großen Tiere in die Luft. Dieser ungerichtete Sprung kann sie 10 cm weit befördern. Wenn sich Männchen und Weibchen begegnen, betasten sie sich zunächst eifrig mit den Fühlern (Bild 11). Dabei ist das Männchen der aktivere Teil, denn es will offenbar erfahren, ob die Partnerin auch wirklich bereit ist, in seiner Nähe zu bleiben und sich ihm zu fügen. Ist dies der Fall, weicht das Männchen einige Schritte zurück und befestigt mit einem Spinngriffel einen Faden am Boden. Mit erhobenem

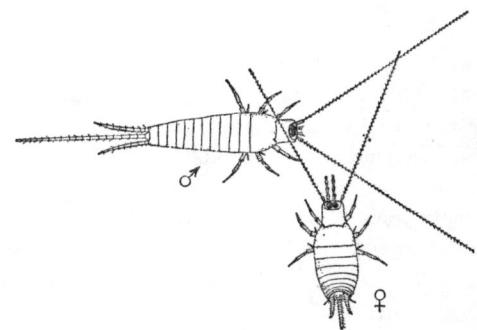

Bild 11. Männchen und Weibchen des Felsenspringers betasten sich mit den Fühlern.

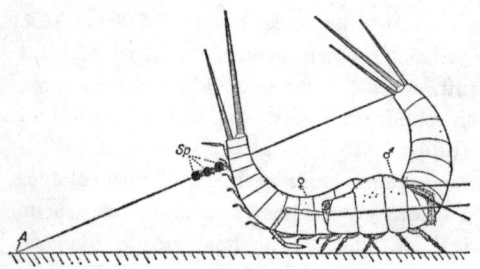

Bild 12. Das Männchen des Felsenspringers drängt das Weibchen zum ausgespannten Faden (A), damit dieses mit seinem Hinterende die aufgehängten Samentropfen (SP) aufnehmen kann.

Hinterleib geht dann der Felsenspringermann wieder nach vorn, zieht dabei den Faden aus und setzt drei bis vier kleine Samentröpfchen auf ihm ab. Nun muß er das Weibchen zur Abnahme der am Faden frei von ihm emporgehaltenen Tropfen veranlassen. Er drängt es deshalb, mit Fühlern, Tastern und Vorderbeinen trommelnd, im Halbkreis so herum, daß es schließlich fast parallel zu dem emporgehaltenen Faden steht (Bild 12). Dann tastet das Weibchen mit seinem Hinterende den Faden ab, findet die Samentropfen und nimmt sie auf.

Musikanten spielen auf

Wiesenmusik

Meine Münchener Leser mögen es mir nachsehen, wenn ihnen diese Überschrift zu viel versprach und ich sie gar nicht auf die Oktober-, sondern auf eine Maiwiese entführe. Schon immer war für uns das Gezirpe der Grillen eine selbstverständliche Begleitmusik warmer Sommertage, aber wissen wir auch, wer es eigentlich ist, der diese Töne hervorbringt, wie und warum er sie erzeugt? Oder haben Sie etwa schon als Kind Bekanntschaft mit der dickköpfigen, glänzend schwarzen Feldgrille *(Gryllus campestris)* geschlossen, als Sie diese mit einem Grashalm aus ihrem Erdgang herauskitzelten?

Bei der Feldgrille sind es nur die Männchen, die wie eine ganze Reihe anderer Insekten in der Lage sind, durch Aneinanderreiben von Teilen ihres harten Panzers Laute zu erzeugen. Der Zoologe nennt diesen Vorgang Stridulation. Sie können diese Art der Tonerzeugung ausprobieren, indem Sie mit einer harten Kante über die Zähne eines Kammes streichen. Je nach Bau der Reibfläche, ihrem Resonanzboden und der Geschwindigkeit und Kraft der Bewegung sind Stärke und Höhe der Töne recht unterschiedlich.

Grillen haben zwei Flügelpaare, also vier Flügel. Die Vorderflügel bedecken die hinteren und werden deshalb auch Flügeldecken genannt. Die rechte Flügeldecke überlappt ein wenig die linke, so daß der Innenrand der linken Flügeldecke unter der rechten Decke liegt. Bei den männlichen Grillen befindet sich auf diesen beiden Flügeldecken das Musikinstrument, mit dem die Zirplaute erzeugt werden. Von den Adern, die die Flügel durchziehen, ist eine zur Schrillader umgebildet. Sie liegt dem Innenrand genähert im vorderen Drittel beider Flügeldecken und besteht an ihrer Unterseite aus einer Reihe parallel gestellter Rippen, deren Seitenteile membranartig dünn sind (Bild 13). In der Höhe dieser Ader ist der Innenrand der Flügeldecken zu einer nach oben weisenden Kante verstärkt. Bewegt die Grille die beiden Flügeldecken gegeneinander, dann streichen die Rippen der einen Flügeldecke gegen die Schrillkante der anderen. In der Regel ist es die Schrillader der rechten Flügeldecke, die über die Schrillkante der linken streicht. 96% aller Grillenmännchen sind solche

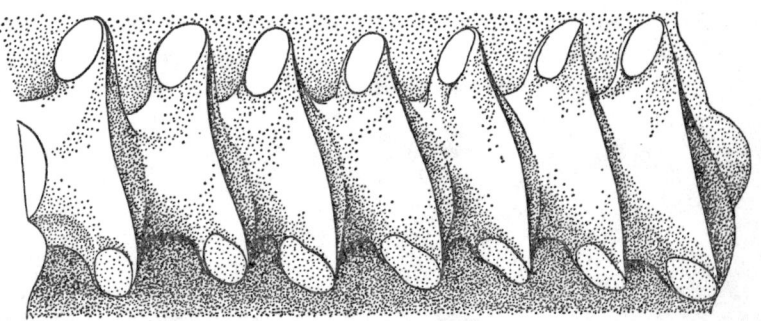

Bild 13. Ein Teil der Schrillader des Feldgrillenmännchens.

„Rechtsgeiger". Durch die Reibung der beiden Teile geraten die Seitenmembranen der Schrilladerrippen in Schwingung und geben einen Ton — genau wie eine Stimmgabel. Die Flügeldecken, vor allem ein besonderes Feld, die „Harfe", dienen zugleich als Resonanzboden. Sie werden während des Zirpens mehr oder minder stark angehoben (Bild 14). Musikanten müßten eigentlich auch hören können. Tatsächlich haben die Grillen kompliziert gebaute Gehörorgane, die kurioserweise in den Schienen der Vorderbeine liegen. Kurz hinter der Knieregion liegt in paarigen Öffnungen je ein Trommelfell, unter dem sich das aus einer Reihe von Sinneszellen bestehende Empfangsgerät befindet. Auch die mit den Grillen nahe verwandten Laubheuschrecken hören mit den Vorderbeinen (Bild 15).

Unsere Feldgrille überwintert als flügellose Larve in einem 30 cm tiefen Gang, den sie sich in das Erdreich gräbt. Hier verfällt sie in einen dem Winterschlaf ähnlichen Zustand, aus dem sie im Frühling erwacht. Ende April oder Anfang Mai häutet sich die Larve zum letztenmal und wird zum fertigen Insekt.

Auch die erwachsene Grille lebt ungesellig in ihrer Erdröhre. Sobald aber die Männchen geschlechtsreif geworden sind, sitzen sie vor ihrer Behausung oder in deren Eingang und zirpen einen Lockgesang, den sie vom frühen Vormittag bis tief in die Nacht erschallen lassen. Nur zwischen zwei Uhr nachts und neun Uhr morgens ist Pause. Derart unermüdlichen akustischen Bemühungen bleibt der Erfolg nicht versagt. Selbst auf eine Entfernung von zehn und mehr Metern spürt das Weibchen den Musikanten auf, auch wenn der Weg durch eine dichte Wiese führt. Anfangs marschiert es im Zickzackkurs, je näher das Weibchen jedoch der Tonquelle kommt, um so geradliniger wird sein Weg. Sobald sich Männchen und Weibchen gegenüberstehen, gibt ihnen eine kurze gegenseitige Fühlerberührung Auskunft über das Geschlecht des anderen. Ob diese Erken-

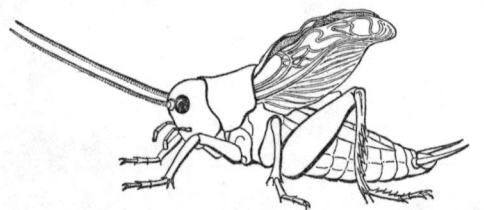

Bild 14. Zirpendes Männchen der Feldgrille.

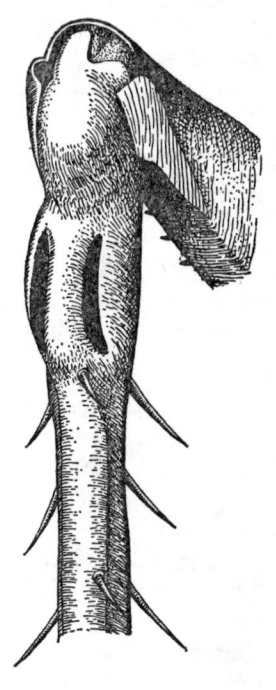

Bild 15. Zwei Spalten am Vorderbein der Laubheuschrecke führen zu den Trommelfellen des Gehörorgans.

nung auf Tast- oder Geruchsreizen beruht, weiß man noch nicht genau. Ist alles in Ordnung, das heißt, sind die Tiere verschiedenen Geschlechtes, dann dreht sich das Männchen um, geht einige Schritte vom Weibchen weg und läßt dabei einen besonderen, vom Lockgezirpe abweichenden Werbegesang ertönen. Dieser akustische Auslöser bewegt das Weibchen dazu, den Rücken des Männchens zu besteigen. Der taktile Reiz des aufsitzenden Weibchens veranlaßt das Männchen zur Abgabe eines Samenpaketes (Spermatophore), das mittels seines Verankerungsapparates in den Geschlechtswegen des Weibchens befestigt wird. Während dieser eine Minute dauernden Prozedur sitzt das Weibchen bewegungslos auf dem Männchen. Nach der Trennung des Paares bleibt das Männchen jedoch noch eine Zeitlang in unmittelbarer Nähe des Weibchens. Sobald sich dieses bewegt, eilt es hinzu und legt dem Weibchen seine Fühler auf den Rücken. Durch diese „Nachbalz" des Männchens wird verhindert, daß das Weibchen die Spermatophore verzehrt, noch ehe die Samenfäden in seine Geschlechtswege eingedrungen sind. Erst nach etwa vierzig Minuten „darf" das Weibchen die nunmehr leere Hülle des Samenpaketes fressen.

Eine andere Methode

Auf völlig andere Weise verhindern die Männchen der Blumengrille *(Oecanthus)* das vorzeitige Verzehren des Samenpaketes. In einer grubenartigen Vertiefung ihres letzten Brustabschnittes sondern sie ein eiweißhaltiges und offenbar wohlschmeckendes Sekret ab. Durch Hochstellen der

Flügel wird das „Saftorgan" dem Weibchen zugänglich gemacht, das sich nach der Spermatophorenanheftung noch ausgiebig am Grubensekret delektiert (Bild 16). Erst zum „Nachtisch" verspeist es die leere Spermatophorenhülle. Hindert man jedoch das Weibchen am Sekretgenuß, indem man die männliche Drüsengrube verklebt, dann verläßt das Weibchen seinen Partner zu früh, frißt die noch nicht entleerte Spermatophore und verhindert damit selbst den Besamungserfolg.

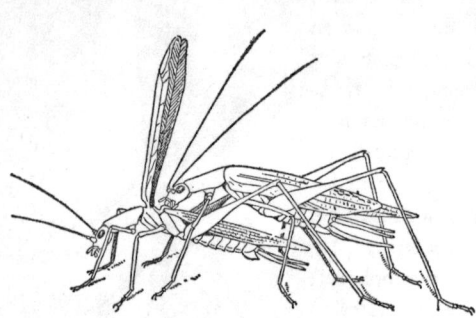

Die 1,5 cm große Blumengrille lebt in den Mittelmeerländern und auch an einigen extrem trockenen und warmen Plätzen Südwestdeutschlands. Auch ihre Männchen locken die Partnerin durch Zirpen an. Diese Lockgesänge, die sich bei Massenkonzerten wie das Schilpen von Sperlingen anhören, beginnen allerdings erst bei Einbruch der Dämmerung und klingen ein oder zwei Stunden nach Mitternacht ab. Es musizieren nur begattungsbereite, mit einer fertigen Spermatophore versehene Männchen.

Bild 16. Pärchen der Blumengrille. Das Weibchen frißt vom Drüsensekret des Männchens.

Mit Senf geht es nicht

Das die Besamung sichernde Grubensekret des Männchens der Blumengrille muß jedoch kein „besonderer Saft" sein. Das beweisen Versuche, die Professor HOHORST als junger Wissenschaftler unternahm. Er wusch die männliche Grube sorgfältig aus und füllte sie wahlweise mit Rohrzucker, Honig und Marmelade. Mit allen drei Ersatzstoffen klappte die Geschichte ganz vorzüglich. Das Weibchen fraß, und die Spermien hatten genügend Zeit, an ihren Bestimmungsort zu gelangen. Anders war das Ergebnis allerdings, als der wißbegierige Doktorand die Grube mit Kochsalzlösung und dann gar mit Senf füllte. Das „empörte" Weibchen verließ fluchtartig seinen Partner.

Nochmals die Feldgrille

Jedes Männchen der Feldgrille hat ein eigenes Revier, aus dem Rivalen vertrieben werden. Nicht selten wird mit Nebenbuhlern gekämpft. Dabei peitscht man sich gegenseitig mit den Fühlern, spreizt die Oberkiefer und springt den Kontrahenten an. Auch während dieser Kampfhandlungen wird gezirpt. Die Gladiatoren lassen einen eigenen Rivalen- oder Kampfgesang ertönen. In südlichen Ländern und in China nutzt man die Streitlust der männlichen Grillen aus und veranstaltet Schaukämpfe. Aber nur in Gefangenschaft kann die Auseinandersetzung für einen der Streitenden tödlich enden.

Reizt man mit Hilfe einer Elektrode bestimmte Gehirnpartien der männlichen Grille durch einen schwachen Stromstoß, beginnt das Tier zu zirpen. Mittels dieser Methode (Tafel 1) gelang es festzustellen, daß die einzelnen Gesänge in verschiedenen Teilen des Gehirns ausgelöst werden. Professor HUBER, der diese interessanten Untersuchungen durchführte, entdeckte auch ein Gehirnzentrum, das den Grillengesang hemmt. Zerstört man diesen Teil des Gehirns, zirpt der bedauernswerte Grillenmann bis zur Erschöpfung.

Das Heimchen am Herd

Das Heimchen am Herd ist eine Grille, die eigentlich in südlichen Ländern beheimatet ist, bei uns aber eingeschleppt wurde und sich warme menschliche Behausungen als Aufenthaltsort wählte. Die zierliche, gelblichbraune und nur zwei Zentimeter große Hausgrille *(Acheta domestica)* bevorzugt für ihre nächtliche Lebensweise Backstuben, Küchen und andere ständig warmen Räume. Nur im Sommer gehen die Tiere auch in die freie Natur. Die Musik der Männchen ist zarter und feiner als bei der Feldgrille und beginnt erst am Abend. Mehrstimmige Konzerte, die bis tief in die Nacht hinein andauern, können für einen schlafbedürftigen Hausbewohner recht unangenehm sein. Er kann auch nicht auf eine Beendigung der Fortpflanzungszeit der Störenfriede hoffen, denn das in gleichbleibenden Temperaturen lebende Heimchen pflanzt sich das ganze Jahr über fort, und das Männchen singt deshalb auch ganzjährig. Balz, Begattung und Nachbalz vollziehen sich ganz ähnlich wie bei der Feldgrille.

Die Laubheuschrecken sind eng mit den Grillen verwandt und bilden gemeinsam mit ihnen eine eigene Insektenordnung (Ensifera). Charakteristisch für diese Ordnung sind die langen Fühler, die ebenfalls lange Legeröhre der Weibchen, das Hören mit den Vorderbeinen und das Musizieren mit den männlichen Flügeldecken. Durch diese Eigenschaften unterscheiden sie sich klar von den anderen Heuschrecken, den Feldheuschrecken, die kurze Fühler haben, auf ganz andere Weise Musik machen und deren „Ohren" im Hinterleib liegen.

Dem Großen Grünen Heupferd *(Tettigonia viridissima)* — sein „Gesicht" hat tatsächlich Pferdeähnlichkeit — sind wir alle schon begegnet, und es ist viel populärer als die Feldgrille, um deren Bekanntschaft man sich erst bemühen muß. Stöbert man eine Laubheuschrecke auf, macht sie zunächst von ihren kräftigen Sprungbeinen Gebrauch, verwandelt jedoch in der Regel diesen Sprung in einen Flug, der ein wenig an den eines Hubschraubers erinnert. Sie legt dabei nur kurze Strecken zurück.

Bei allen Laubheuschrecken trägt nur der linke Vorderflügel auf seiner Unterseite eine Schrillader, und nur der rechte Vorderflügel verfügt über eine Schrillkante. So kann es unter den Laubheuschrecken nur „Linksgeiger" geben. Der scharf klirrende Gesang des Männchens der Großen Laubheuschrecke gehört zu unseren Sommernächten. Er ertönt jedoch auch bereits um die Mittagszeit, und zwar von niederen Büschen und Wiesenpflanzen. Erst wenn sich in der Nacht die bodennahen Luftschichten abkühlen, klettern die Tiere in die Baumkronen. Bis morgens drei Uhr wird dann noch gesungen. Wie bei allen Laubheuschrecken dient der Gesang des Männchens nur der Anlockung einer Partnerin, die schließlich das Männchen besteigt und ein großes Samenpaket angeheftet bekommt. Werbe- und Rivalengesänge gibt es bei Laubheuschrecken nicht. Oft treten die männlichen Laubheuschrecken in einen Wechselgesang mit anderen Männchen oder gar ganz andersartigen Lauten ein, indem sie ihren normalen Gesang rhythmisch in die fremde Musik einpassen. In seinen klassischen Untersuchungen berichtet der k. k. Gymnasiallehrer JOHAN REGEN von einem Wechselgesang mit der Alpen-Strauchschrecke *(Pholidoptera aptera aptera)*. Das Tier reagierte auf Saiteninstrumente, Flöte und den mit dem Munde erzeugten s-Laut. Als REGEN beim erstenmal vor Staunen den Takt verlor, machte das Männchen eine kleine Pause und brachte so den menschlichen Mitspieler wieder in den richtigen Rhythmus.

„Die Amerikaner", so berichtet der Däne S. L. TUXEN in seinem Buch ‚Insektenstimmen', „haben einige Laubheuschrecken, die sie Katydiden nennen. Das Wort klingt ja ganz wie die lateinische Bezeichnung, die die Entomologen ihren Arten und Familien geben, aber der Ursprung ist in der Tat ein anderer. Der Gesang dieser Heuschrecken besteht aus drei oder mehr aufeinanderfolgenden, recht starken Chirps, die die Amerikaner als Katy did und Katy didn't deuten — but they never tell us what it is Katy did — fügen sie hinzu. Daher der feierlich klingende Name! Diese Katydiden sind in den nordamerikanischen Wäldern ungemein verbreitet, und wenn sie alle um die Wette singen, geht es wie ein rhythmisches Brausen durch den Wald. Daß sie auch einen Wechselgesang haben, entdeckte der amerikanische Zoologe ALEXANDER eines Tages, als er auf seiner Schreibmaschine tippte; eine Katydide, *Pterophylla camellifolia*, saß außerhalb des Hauses und sang, und plötzlich entdeckte ALEXANDER, daß sie dem Rhythmus seiner Maschine folgte. Er versuchte schneller zu schreiben, dann wieder langsamer, und siehe da, sie folgte ihm genau. Wahrscheinlich hat sie seine Schreibmaschine für einen Art- und Geschlechtsgenossen gehalten."

Feldheuschrecken geigen anders

Zu den Feldheuschrecken gehören die kleinen bis mittelgroßen Grashüpfer, die bei jedem Schritt, den wir uns in eine Wiese wagen, nach allen Seiten springen und im Hoch- und Spätsommer ein feines, vielstimmiges und melodisches Zirpen hören lassen. Feldheuschrecken sind Pflanzenfresser, worüber die berühmten und gefürchteten Wanderheuschrecken uns nicht im Zweifel lassen. Von einigen stummen und auch tauben Arten abgesehen, wird im Reich der Feldheuschrecken vielfältig musiziert, wobei die Tonproduktion diesmal nicht auf die Männchen beschränkt bleibt.

Ich deutete schon an, daß das Instrumentarium der Lauterzeugung hier anderer Art ist als bei Grillen und Laubheuschrecken. Bei den Feldheuschrecken wird nämlich nicht mit den Flügeln, sondern mit den Hinterbeinen gegeigt. Bei den Grashüpfern (z. B. der Gattungen *Stenobothrus* und *Chorthippus)* bildet an der Innenseite der Hinterbeinschenkel eine

Reihe von kleinen Zäpfchen (Schrillzäpfchen) die sogenannte Musikleiste. Sie wird durch Auf- und Abbewegung der Schenkel an eine vorstehende Ader der Flügeldecken gerieben (Bild 17). Die in Ruhelage befindlichen Flügel bilden dabei mit dem Hinterleib einen Resonanzhohlraum. Mit ein wenig Geduld kann man in einer Wiese einen auf diese Weise geigenden Heuschreck beobachten. Eine solche Musikleiste besitzen auch die Weibchen. Allerdings sind bei ihnen die Schrillzäpfchen schwächer ausgebildet. Bei den auf sandigem oder steinigem Boden lebenden Sandschrecken (z. B. *Oedipoda*) ist die Musikapparatur gegensätzlich gestaltet. Der Schenkel der Hinterbeine trägt eine scharfe Kante, die an einer gehöckerten Ader des Vorderflügels gerieben wird. Einer völlig anderen Methode der Lauterzeugung bedienen sich Männchen und Weibchen der Schönschrecke *(Calliptamus italicus)*. Sie singen, indem sie ihre Oberkiefer gegeneinander reiben, und produzieren ihre Töne sozusagen „zähneknirschend".

Wir hörten schon, daß die „Ohren" der Feldheuschrecken im Hinterleib liegen. Entfernt man die Flügel, dann sieht man oberhalb des Ansatzes der Hinterbeine im ersten Hinterleibsabschnitt jederseits eine ohr- oder halbmondförmige Fläche, die Gehörorgane.

Ähnlich wie bei der Feldgrille kann man bei den meisten Feldheuschrecken Lock-, Werbe- und Rivalengesang unterscheiden, nur daß hier auch das Weibchen am musikalischen Geschehen beteiligt ist.

Der Lockgesang des Braunen Grashüpfers *(Chorthippus brunneus)*, der an sonnigen Spätsommertagen auf unseren Feldern und Wiesen musiziert, ist ein kurzer, kaum eine halbe Sekunde dauernder Laut, der sechs- bis elfmal mit einem Zwischenraum von ein oder zwei Sekunden wiederholt wird. Ist ein Weibchen in der Nähe und in Stimmung, dann antwortet es, und es kommt zu einem Duett. Während dieses Wechselgesanges nähert sich das Männchen dem Weibchen, oder aber beide wandern aufeinander zu. Sobald man sich im dichten Gras mit den Augen wahrgenommen hat, beginnt das Männchen mit dem Werbegesang, der aus schnell aufeinanderfolgenden Zirplauten besteht. Mit einem plötzlichen Sprung des Männchens auf den Rücken des Weibchens endet die Werbung. Dieser kühne Satz wird von einem kräftigen, ji-artigen Zirplaut begleitet. Man hat diesen Anspringlaut des Männchens auch etwas theatralisch den „Triumphgesang" genannt. Bei der Begattung führt das Männchen sein Glied in die weibliche Geschlechtsöffnung ein und überträgt ein einfaches, röhrenförmiges

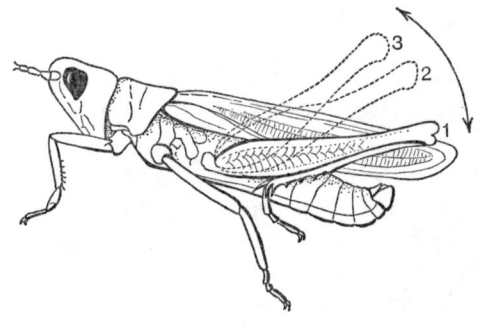

Samenpaket. Wird das Weibchen während dieser Prozedur unruhig, dann singt das Männchen einen beruhigenden Paarungsgesang. Nach der Paarung ist das Weibchen erst nach Ablage seiner Eier wieder begattungsbereit.

Feldheuschreckenmännchen können auch einen Wechselgesang mit Geschlechtsgenossen üben, der allerdings oft in einen Rivalengesang übergeht. Derart rivalisierende Männchen werden in ihrem Gesang immer eifriger und sehen sich dabei „streng in die Augen". Tätlich werden sie zwar nicht, aber über ihrem Sängerkrieg vergessen sie nicht selten den Gegenstand der Auseinandersetzung — das Weibchen. Mitunter ist es des Zuhörens bald überdrüssig und verläßt unauffällig den Konzertsaal.

Es kommt auch vor, daß sich auf verhältnismäßig engem Raum zahlreiche Männchen zusammenfinden. Ihr mehrstimmiger Chorgesang soll auf die Weibchen besonders anziehend wirken.

In einer Wiese singt selbstverständlich nicht nur eine Heuschreckenart. Soll nur das arteigene Weibchen angelockt werden, dann müssen sich die Artgesänge voneinander unterscheiden. Professor W. Jacobs, der die Feldheuschrecken und ihre Gesänge eingehend untersuchte, sagt dazu: „Man reagiert nur auf das Lied des Artgenossen, nicht oder selten auf Lieder anderer Arten, die gleichzeitig in der Nachbarschaft singen. Die unverwechselbare Verschiedenheit der Lieder ist besonders auffallend und wirkungsvoll bei nah verwandten Arten, die im gleichen Lebensraum nebeneinander wohnen; es kommt höchst selten zu Fehlpaarungen: Man ‚versteht' sich nicht mehr. Zuweilen sind die Lieder verwandter Arten einander doch so ähnlich, daß es bei dem Geschlechtspartner zu einer Verwechslung kommen könnte; dann aber bevorzugen die betreffenden Arten in der Regel so verschiedene Lebensräume, daß sie sich kaum jemals begegnen."

Zikaden sind mit den Wanzen verwandte flugfähige Insekten, die mit einem Rüssel Pflanzen anstechen und ihre Säfte saugen. In unseren Wiesen leben kleine Zikaden, im Süden gibt es die bis zu 5 cm großen Singzikaden, von denen zunächst die Rede sein soll.

An Singfreudigkeit und Lautstärke werden die Singzikaden von keinem anderen Insekt übertroffen, und die alten Griechen haben den Zikadengesang in ihren Oden verherrlicht. Es musizieren nur die Männchen. Diese Tatsache verführte im zweiten Jahrhundert vor Christus den griechischen Dichter XENARCHUS zu dem Ausspruch „glücklich leben die Zikaden, denn sie haben stumme Weiber". Es ist eigentlich Schönfärberei, von einem Gesang der Zikaden zu sprechen, denn in Wirklichkeit ist es ein lautes

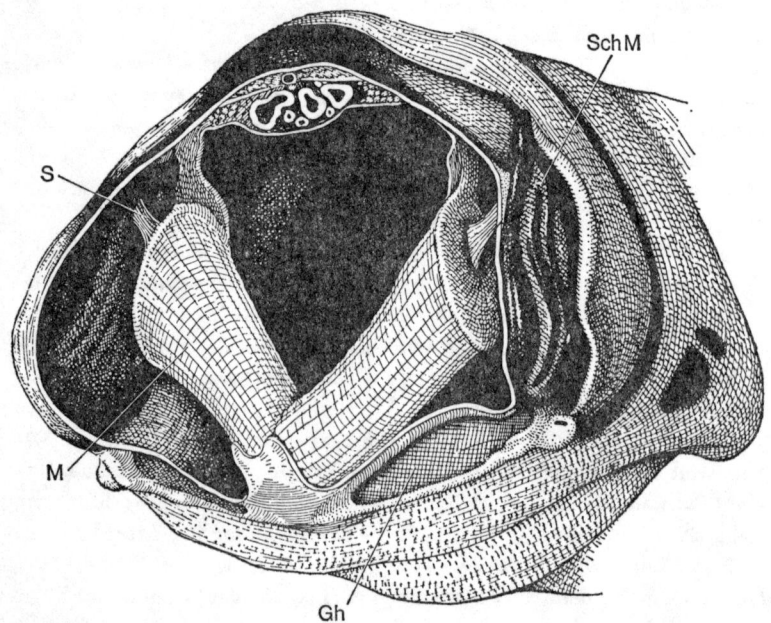

Bild 18. Trommelorgan einer männlichen Zikade. Blick auf die Vorderfläche des abgeschnittenen Hinterleibs. **SchM** Schallmembran, **M** Muskel, **S** Sehne, **Gh** Gehörorgan.

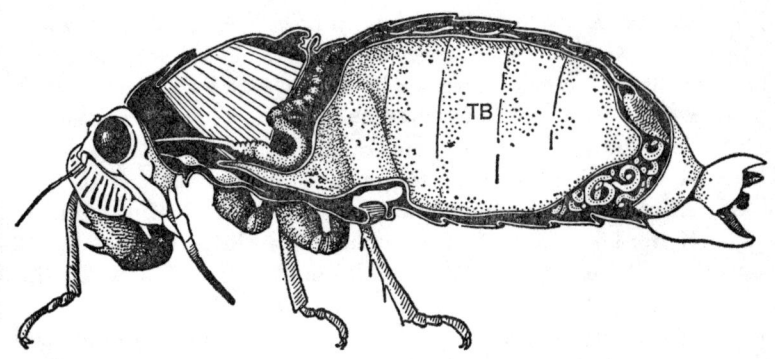

Bild 19. Längsschnitt durch eine männliche Singzikade. Die Tracheenblase (TB) füllt den Hinterleib fast ganz aus.

Schnarren, das man bei der in den Mittelmeerländern in den Bäumen sitzenden Eschenzikade *(Tettigia orni)* noch aus einer Entfernung von 600 m hört. Da es sich stets um Massenkonzerte handelt, die vom Aufgang der Sonne bis zu ihrem Untergang andauern, schließen sich nicht alle Zuhörer den griechischen Lobpreisungen an, und selbst der französische Entomologe HENRI FABRE beklagt sich über die rauhe Sinfonie vor seiner Tür, die jede Gedankenarbeit unmöglich macht. Auch Zikadengesang ist artverschieden und scheint der Anlockung der Weibchen zu dienen; ganz genau weiß man es noch nicht. Auch Rivalengesang soll es geben.

Höchst eigenartig ist das Musikinstrument der Zikaden. An den Seiten des ersten Hinterleibsringes haben sie je eine nach außen gewölbte Membran, die an ihrer Innenseite durch eine Sehne mit einem kräftigen Muskel in Verbindung steht (Bild 18). Dieser Muskel kontrahiert sich in rascher Folge, wobei die Schallmembran eingebuchtet wird, um bei Erschlaffung des Muskels sofort wieder in ihre Ausgangslage zurückzuspringen. Nimmt man eine Blechdose und dellt ihren gewölbten Deckel ein, um ihn wieder zurückschnellen zu lassen, musiziert man nach dem gleichen Klick-Klack-Prinzip. Die Schallmembran einer Zikade kann in der Sekunde bis zu 400mal bewegt werden. Ein Luftraum (Tracheenblase), der nahezu den ganzen Hinterleib des Männchens ausfüllt, dient als Resonanzkasten für das sogenannte Trommelorgan (Bild 19).

Während die Gehörorgane der Singzikaden bei beiden Geschlechtern im

Hinterleib liegen, hat man bei den in unseren Wiesen lebenden Kleinzikaden die „Ohren" noch nicht gefunden. Deshalb und weil man auch nichts von ihnen hörte, hielt man sie für stumm. Erst der Schwede OSSIANNILSSON und Frau Professor STRÜBING klärten uns darüber auf, daß auch Kleinzikaden musizieren. Der deutschen Zoologin gelang es, die produzierten Töne durch Verstärkung für uns hörbar zu machen und auf Tonband aufzunehmen. Aus dem Lautsprecher tönt ein Geschrei, das aus einem Horror-Film stammen könnte, und man schätzt sich glücklich, daß es zum Genuß derartiger „Musik" erst technischer Hilfe bedarf. Es wäre sonst auf unseren Wiesen nicht mehr auszuhalten. Die Weibchen beantworten den männlichen „Gesang" mit Trommellauten, von denen man nicht weiß, wie sie zustande kommen, da das weibliche Musikinstrument bis heute unentdeckt blieb. Nur die Männchen besitzen ein richtiges Trommelorgan, das allerdings nicht paarig, wie bei den Singzikaden, sondern unpaar angelegt ist.

Klopfsignale

Der grüne Trommler

Zu den Laubheuschrecken gehört auch die Grüne Eichenschrecke (Meconema thalassinum), die man nur selten zu Gesicht bekommt, weil sie hoch oben in den Kronen unserer Laubwälder lebt. Wie es sich für Laubheuschrecken gehört, haben die Tiere in ihren Vorderbeinen Gehörorgane, nur haben die Männchen das große Pech, keine Musiziervorrichtungen an ihren Flügeln zu besitzen, und man hielt sie deshalb lange Zeit für stumm. Das war ein Irrtum. Mangels eines eigenen Instrumentariums bedient sich der Eichenschrecken-Mann der einfachsten Methode, Musik zu machen — er trommelt. Dazu benutzt er eines seiner Hinterbeine, dessen Schiene zu-

Tafel 3. Männchen der Skorpionsfliege. Aufnahme: Pfletschinger

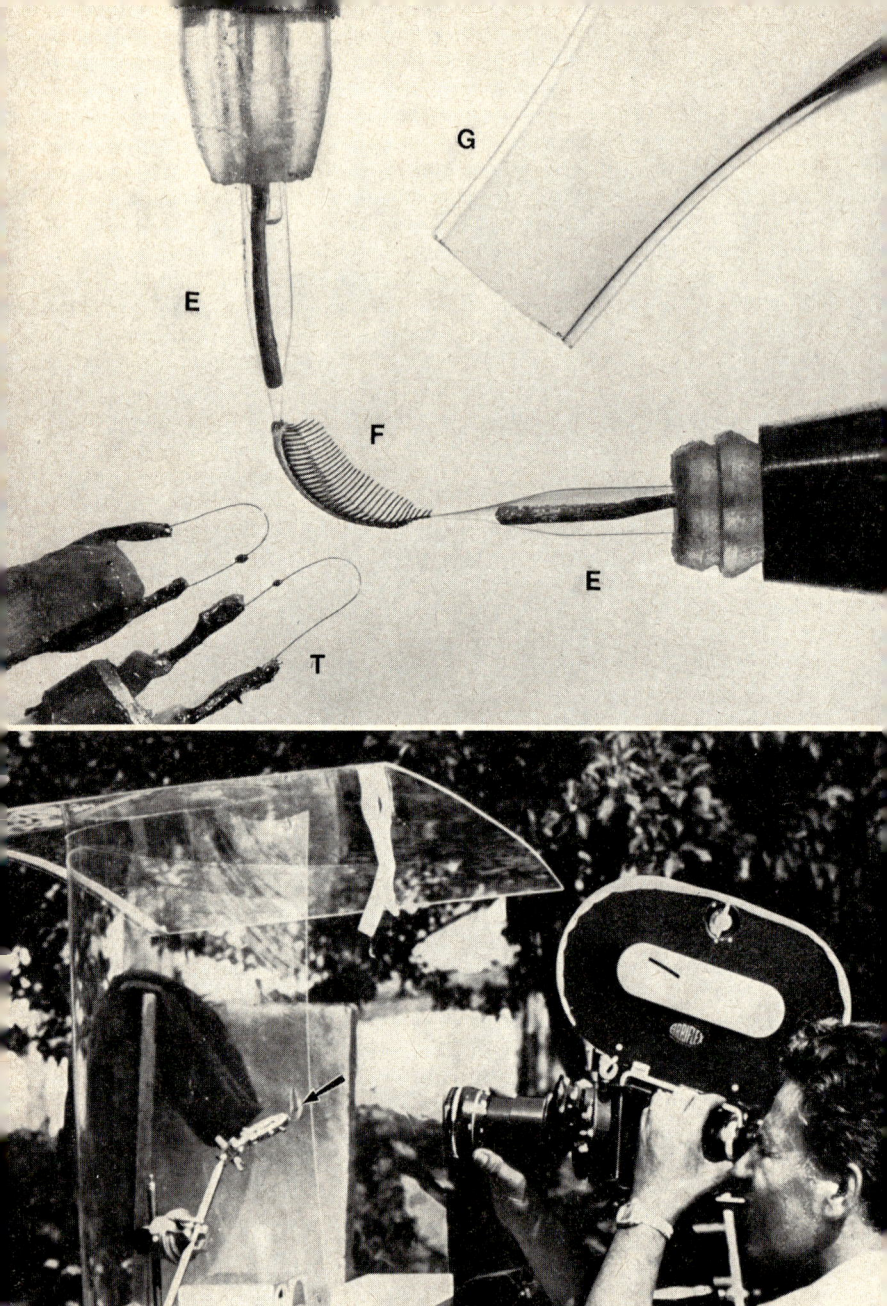

vor an den Schenkel herangezogen wird, und erzeugt einen Ton, der je nach der Unterlage, auf der getrommelt wird, verschieden ist. Mit Kunstpausen, in denen man geschäftig umherläuft oder frißt, wird vom Einbruch der Dunkelheit bis gegen Morgen getrommelt, wobei auf zwei bis vier kurze Wirbel vier bis fünf lange folgen. Das Weibchen nimmt, wenn es auf der gleichen Unterlage sitzt, neben dem Ton vermutlich auch die Erschütterungsreize wahr.

Das Weibchen klopft zurück

Die Steinfliegen (Plecoptera) sind recht urtümliche Insekten, die durchaus nicht zu den Fliegen gehören. Ihre Larven leben in Fließgewässern und werden von Sportanglern gern als Köder verwendet. Die Männchen fliegen auf der Suche nach Weibchen umher, und überall, wo sie sich niederlassen, klopfen sie mit ihrem Hinterleib auf die Unterlage. Jede Art hat ihre eigene Schlagfrequenz. Wird das männliche Signal von einem unbegatteten Weibchen wahrgenommen, dann antwortet es seinerseits mit einer Trommelserie. Fast alle Insekten, und so auch die Steinfliegen, haben in ihren Beinen Gruppen von Sinneszellen, mit denen derartige Erschütterungen aufgenommen und an das Zentralnervensystem gemeldet werden.

Die Totenuhr

In stillen Nächten kann man in alten Häusern mitunter ein unheimliches Klopfen hören. „Die Totenuhr tickt", heißt es im Volksmund, und sie kündigt einen nahen Todesfall an. Dieser Klopfgeist gehört zur Familie der Klopfkäfer (Anobiiden), deren Larven als „Holzwurm" nur allzu gut bekannt sind. Die Larven brauchen für ihre Entwicklung bis zum fertigen Käfer mehrere Monate. Sie fressen Holz, das sie mit Hilfe von Hefepilzen verdauen. Dadurch richten sie im Gebälk und in alten Möbeln oft ver-

Tafel 4. Oben: Ähnlich wie Dr. Priesner (s. S. 57) hat Dr. Kaißling den Fühler eines männlichen Seidenspinners befragt. Der stark gefiederte Fühler (F) hängt in der Mitte des Bildes zwischen zwei Elektroden (E). Aus dem Glasrohr (G) rechts oben kommt der weibliche Duft. Die Thermoelemente (T) links unten sollen den Beginn der Beduftung anzeigen. Aufnahme: Kaißling
Unten: Herr Dröscher (Göttingen) beim Filmen unseres unermüdlichen Troglops-Pärchens. Die „Bühne" ist ein von einer Klammer gehaltenes Obstbaumblatt (Pfeil!). Aufnahme: Matthes

heerende Schäden an. Daß der Holzwurm auch ein Zeichen für „echt antik" sein soll, erfuhr ich auf den jugoslawischen Märkten entlang der adriatischen Küste, wo unter anderem Spinnräder angeboten wurden, die zweifellos auf alt frisierte Neuanfertigungen waren. Zu dieser Frisur gehörten auch die Ausfluglöcher der geschlüpften Käfer, an denen man äußerlich den Holzwurmbefall erkennt. Sie waren künstlich eingebohrt worden.

Männchen und Weibchen dieser nur kurzlebigen Käfer müssen sich im finsteren Gangsystem des Holzes finden. Seltsamerweise sollen es die Weibchen sein, die ihre Partner durch Klopfen anlocken. Dazu hebt das Weibchen den Vorderleib und schlägt die Stirn gegen den Boden des Ganges (Bild 20). Es wird dann mit zunehmender Aktivität geklopft, etwa 9- bis 11mal in zwei Sekunden, und das Männchen antwortet ebenfalls durch Klopfen. Da die Käfer keine Gehörorgane haben, scheinen sie die Vibration des Holzes zu spüren.

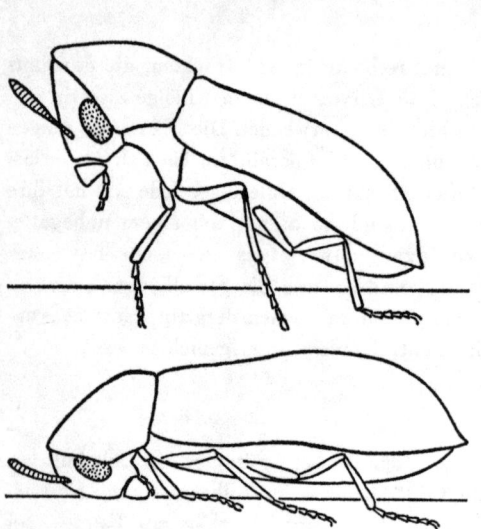

Bild 20. Weibchen des Klopfkäfers beim Klopfen.

Sie lassen ihr Licht leuchten

Glühwürmchen

Zur Romantik einer warmen Mittsommernacht gehört das Leuchten des Glühwürmchens, das gar kein Würmchen ist, sondern ein Käfer. Er gehört zur Familie der Leuchtkäfer (Lampyridae), die sich des Nachts zur Paarung treffen und durch Leuchten verständigen. Die Lampen, die dabei verwendet werden, bestehen aus Zellen, in denen durch einen chemischen Vorgang Licht erzeugt wird. Hinter diesen Lichterzeugern liegt eine Zellschicht, die Kristalle enthält und als Reflektor dient. Das chemische Prinzip dieser Lichtproduktion hat bereits 1886 der Franzose DUBOIS im wesentlichen erkannt. Durch Oxydation des Stoffes Luciferin wird Energie in Form von Licht frei — dies geht aber nur bei Anwesenheit eines ebenfalls im Leuchtorgan gebildeten Enzyms, der Luciferase. Seit 1961 kennt man die Strukturformel des Luciferins. Das Leuchtkäferlicht ist tatsächlich „kaltes" Licht mit optimaler Energieausnützung. Da nur 2% der umgesetzten Energie als Wärme frei wird, beträgt die Lichtausbeute 98%. Auch die synthetische Herstellung des Luciferins ist amerikanischen Biochemikern gelungen. Weil das Leuchten auch nur in Gegenwart des in allen lebenden Organismen vorhandenen Adenosintriphosphats vor sich gehen kann, will man damit in der Weltraumforschung außerirdisches Leben nachweisen.

Bei uns in Mitteleuropa gibt es zwei Leuchtkäfer, die sogar gemeinsam im gleichen Lebensraum vorkommen. Am häufigsten ist *Phausis splendidula*, der nur im weiblichen Geschlecht leuchtet, während bei dem nicht ganz so verbreiteten *Lampyris noctiluca* auch die Männchen Licht aussenden. Beide Arten nehmen als erwachsene Tiere keine Nahrung mehr auf — sie sind nur noch mit der Fortpflanzung beschäftigt, verstecken sich tagsüber und kommen erst zwischen 20 und 24 Uhr zum Vorschein. Die Weibchen sind flügellos, und deshalb erscheinen sie dem Laien als Wurm und heißen „Glühwürmchen". Sie besteigen bestimmte Leuchtplätze, um dann drei Stunden lang ihr Licht leuchten zu lassen. Dabei halten sie ihren Hinterleib so, daß die auf seiner Unterseite liegenden Leuchtorgane (Bild 21) gut von oben zu sehen sind. Die Männchen starten zur gleichen Zeit zum Suchflug, der langsam und in etwa 1 Meter Höhe stattfindet. Die *Phausis*-Männchen leuchten dabei, obwohl ihr Licht keinen Einfluß auf das Weibchen hat.

Ist ein fliegendes Männchen über einem leuchtenden Weibchen angekommen, klappt es seine Flügel ein und läßt sich fallen. Erstaunlich ist die Zielgenauigkeit dieses Landemanövers. Der Zoologe Dr. SCHWALB, der das Verhalten unserer Leuchtkäfer sehr genau studiert hat, setzte Weibchen in 3 cm weite und 15 cm hohe Glaszylinder. 65% aller anfliegenden Männchen landeten zielsicher in den Gläsern, die restlichen 35% fielen höch-

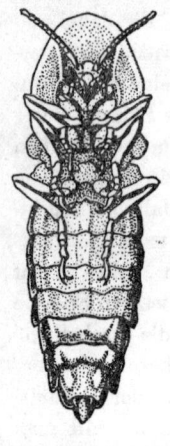

Bild 21. Bauchseite eines Leuchtkäferweibchens (Lampyris). Auf den drei letzten Hinterleibsabschnitten die Leuchtfelder.

stens 20 cm daneben und wanderten dann zu Fuß zur weiblichen Lichtquelle.

Die nächtliche Leuchtreklame der Weibchen unserer beiden Leuchtkäfer besteht aus punkt- und balkenförmigen Leuchtfeldern, deren Zahl und Anordnung bei *Phausis* und *Lampyris* verschieden ist. Bei Versuchen mit Leuchtattrappen fielen die *Lampyris*-Männchen nur auf solche herein, die in Helligkeit, Größe, Form und Muster den Leuchtorganen ihrer Weibchen sehr ähnlich waren. Die *Phausis*-Männchen dagegen sind nicht so streng auf das weibliche Leuchtbild festgelegt. Bietet man ihnen größere, reicher gegliederte und hellere Attrappen, dann ziehen sie diese ihren Weibchen vor. — Sie lieben „überoptimale" Reize.

Ein unglaublicher Betrug

Die meisten Leuchtkäfer der Tropen leuchten nicht nur, sondern blinken in einem bestimmten Rhythmus. Jede Art hat ihre eigenen Morsezeichen, die oft auch bei Männchen und Weibchen verschieden sind. Die Männchen des Leuchtkäfers *Photinus consanguineus* zum Beispiel fliegen umher und senden im Intervall von etwa zwei Sekunden zwei kurze Lichtsignale. Das wiederholen sie alle vier bis sieben Sekunden. Das Weibchen antwortet etwa eine Sekunde nach dem zweiten Blinken des Männchens mit einem einzigen Aufleuchten. Im gleichen Lebensraum gibt es eine Leuchtkäferart der Gattung *Photuris*, die sich zur Verständigung der Geschlechter auch eines eigenen Blinkcodes bedient. Ihre Weibchen führen auch noch als fertiges Insekt eine räuberische Lebensweise, bei der sie sich einer so hinterhältigen Methode bedienen, daß nur ein unerbittlicher Frauenfeind diese als typisch für das „zarte Geschlecht" bezeichnen würde. Kommt nämlich ein *Photinus*-Männchen angeflogen, dann schaltet das *Photuris*-Weibchen sofort auf den artfremden *Photinus*-Blinkcode um und gaukelt dem Freier eine ihn erwartende Artgenossin vor. Da die Lichtblitze der rechtmäßigen *Photinus*-Weibchen deutlich schwächer sind, drosselt die

Nachahmerin sogar die Intensität ihres Leuchtens. Der Erfolg ist: Das getäuschte *Photinus*-Männchen landet neben dem falschen Weibchen und wird nach kurzem Wechselblinken — gefressen.

Schwärmende Männchen

Der Hochzeitstanz der Eintagsfliegen

Eintagsfliegen (Ephemeriden) sind das Symbol der Vergänglichkeit. Sie leben nur wenige Stunden oder Tage, um sich zu paaren und Eier zu legen. Sie können nicht einmal Nahrung aufnehmen, da ihre Mundwerkzeuge verkümmert sind. Aber genauer betrachtet ist die Geschichte gar nicht so tragisch. Wenn die Tiere an einem Sommerabend in großen Massen aus Seen oder Flüssen steigen, dann haben sie immerhin ein ein- bis dreijähriges Dasein als im Wasser lebende Larve hinter sich.

Die Männchen der Eintagsfliegen vereinigen sich zu tanzenden Schwärmen, deren Einzeltiere sich ständig auf und ab bewegen. Diese männlichen Tanzgesellschaften sind für die in der Vegetation sitzenden Weibchen ein optisches Signal, ein Auslöser, von dem sie angelockt werden. Sie fliegen in den Schwarm hinein. Um das eindringende Weibchen im Dämmerlicht auch gut sehen zu können, besitzen die Männchen mancher Eintagsfliegenarten besonders hoch entwickelte, nach oben gerichtete Augen, die man, da sie turbanartig vom Kopf abstehen, Turbanaugen nennt (Bild 22).

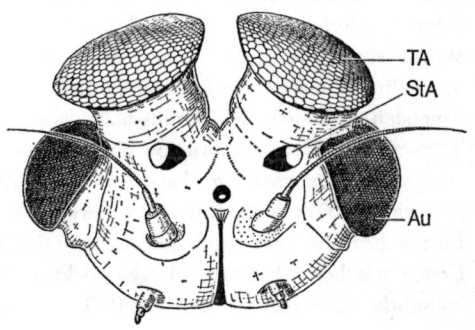

Bild 22. Kopf einer mit zusätzlichen Turbanaugen (**TA**) ausgerüsteten männlichen Eintagsfliege. **StA** Stirnauge, **Au** Komplexauge (Seitenauge).

Das erkannte Weibchen wird vom Männchen unterflogen und mit den stark verlängerten Vorderbeinen an den Flügelwurzeln sowie mit zwei griffelartigen Anhängen am Hinterleib ergriffen. In dieser doppelten Verankerung wird im Flug die Begattung vollzogen, bei der das mit zwei Begattungsgliedern ausgerüstete Männchen diese in die Begattungstaschen des Weibchens einführt.

Was ist ein Flugton?

Eine fliegende Stechmücke und einen dicken „Brummer" erkennen wir, auch ohne sie zu sehen, an ihrem Fluggeräusch. Die Mücke summt, der Brummer brummt: das heißt, große plumpe Insekten haben tiefe, kleine elegante Flieger haben hohe Flugtöne. Dabei entspricht die Höhe des Flugtones der Anzahl der Flügelschläge, die das Insekt in einer Sekunde ausführt. Die Tonhöhe einer Stubenfliege liegt bei 150—200 Hertz, die der Mücke ungefähr doppelt so hoch. Aber was hat der Flugton mit dem Liebesleben zu tun? Kurz gesagt: Er spielt bei der Partnerfindung der Mücken eine wichtige Rolle — das werden wir gleich sehen.

Die Weibchen singen tiefer

Bei den Stechmücken stechen nur die Weibchen, die regelmäßig Blutmahlzeiten brauchen, und es sind nur die Männchen, die sich zu den allbekannten Mückenschwärmen zusammenfinden. Die eindrucksvollsten Schwärme bilden jedoch die männlichen Zuckmücken (Chironomiden). Diese harmlosen Zweiflügler saugen niemals Blut und zucken beim Sitzen ständig mit ihren Vorderbeinen — daher der deutsche Name. Im Spätsommer entsteigen sie in oft unglaublichen Massen stehenden und fließenden Gewässern. Die Männchen der Zuckmücken schwärmen mit Vorliebe über herausragenden Punkten der Landschaft, über Wipfeln von Bäumen, über Türmen und über Dächern. So ein Schwarm kann Hunderte von Metern lang sein. Fährt man um diese Zeit gegen Abend im Erlanger Regnitztal entlang, sieht man überall diese Schwärme, die wie Rauchsäulen in der Luft stehen und auch schon des öfteren falschen Feueralarm auslösten.
Genau wie bei den Eintagsfliegen wirkt auch im Reiche der Mücken der männliche Schwarm als Locksignal für das andere Geschlecht. Die in die

Männerversammlung einfliegenden Weibchen werden jedoch von den tanzenden Männchen nicht optisch, sondern akustisch erkannt. Die Mückenmännchen hören nämlich den weiblichen Flugton, der eine wesentlich tiefere Frequenz hat als ihr eigener und auf den ihr Empfänger, das Gehörorgan, eigens abgestimmt ist. Dieses Gehörorgan arbeitet übrigens nur im Fluge, ein weiterer Grund für die Männchen, im Schwarmflug auf die Partnerin zu warten. Die in den Schwarm ein- oder im Abstand von ein bis zwei Metern vorbeifliegenden und am Flugton erkannten Weibchen werden von den Männchen ergriffen. Während der dann sofort beginnenden Begattung können sich die Paare oft nicht mehr in der Luft halten und sinken zu Boden. Schweizer Zoologen haben neuerdings festgestellt, daß die jungen und noch unreifen Weibchen der Zuckmücken eine noch zu hohe Flugfrequenz haben, auf die der männliche Empfänger nicht reagiert. Erst im richtigen Begattungsalter stimmt der Ton. Dadurch wird vermieden, daß die Zuckmückenmännchen ihre Kräfte an zu „jungem Gemüse" verschwenden. Wo aber befindet sich das so fein auf den weiblichen Flugton abgestimmte Gehörorgan der männlichen Mücken?

Das Johnstonsche Organ

Die beiden Fühler, die vorn am Kopf eines Insekts entspringen, tragen verschiedene Sinnesorgane, vor allem solche, mit denen Düfte wahrgenommen werden können. Ein solcher Fühler besteht aus mehreren Gliedern, von denen die beiden Grundglieder am größten sind. Im ersten Glied befindet sich die Muskulatur des Fühlers, im zweiten ein Sinnesorgan, das Johnstonsche Organ. Es besteht aus verspannten Nervenzellen, die alle Bewegungen des Fühlers an das Zentralnervensystem melden. Vergleicht man die Fühler einer weiblichen und einer männlichen Mücke, dann fällt sofort die enorme Größe des zweiten männlichen Fühlergliedes auf. Tatsächlich enthält es ein besonders kompliziert gebautes Johnstonsches Organ. Der männliche Fühler, und das ist das Geheimnis des Mücken-Ortungsverfahrens, gerät genau beim Flugton des Weibchens in Resonanzschwingung. Diese mechanischen Schwingungen werden im Johnstonschen Organ auf die dort ausgespannten Nervenzellen übertragen, von diesen in elektrische Erregung umgewandelt und über einen besonderen Nervenkomplex dem Gehirn gemeldet. Der Flugapparat „Mücken-Mann" fliegt dann auf die wahrgenommene Schallquelle zu. So kann man Mückenmännchen auch anlocken, indem man ihnen durch einen Lautsprecher, durch Singen oder mittels einer Stimmgabel die weibliche Frequenz bietet.

Schmetterlingsbalz

Gelb als Signal

Schmetterlinge, die schönsten Vierflügler unter den Insekten, braucht man nicht vorzustellen. Aus der Sicht unserer kleinen Sittengeschichte sind sie vor allem deshalb interessant, weil sie Duftstoffe zur Anlockung und Betörung des Partners verwenden. Unsere ersten beiden Akteure, der Kaisermantel und der Samtfalter, gehören zwei verschiedenen Familien an, nämlich den Fleckenfaltern (Nymphalidae) und den Augenfaltern (Satyridae). Die Vorderbeine aller Schmetterlinge dieser beiden Familien haben eine eigenartige Veränderung erfahren: sie sind zu Putzpfoten umgebildet. Deshalb darf man sich nicht wundern, wenn die Schmetterlinge unserer Abbildungen nur auf vier Beinen stehen, obwohl sie zu den Insekten zählen.

Der Kaisermantel *(Argynnis paphia)* ist einer unserer größten Fleckenfalter. Er ist ein Tier des Waldes und liebt vor allem aufgelockerte Mischwälder oder Fichtenbestände. Nach Sonnenaufgang kommen die Falter von den Kronen der Bäume herab, wo sie die Nacht verbracht haben. Die Flügel des Kaisermantels sind auf ihrer Oberseite gelbrot und mit schwarzen Fleckenreihen verziert. Diese gelbe Farbe ist es auch, an der die Männchen ihre Partnerin erkennen, die sie auf einem zickzackartigen Suchflug zu erspähen trachten. Professor MAGNUS, der das Liebesleben des Kaisermantels erforschte, wollte ganz genau wissen, woran der Kaisermantel sein Weibchen erkennt, wie der Auslöser „Weibchen" für ihn aussieht. Er bot den männlichen Faltern Attrappen verschiedener Farben und verschiedener Form im bewegten Zustand und unbewegt. Es zeigte sich, daß das Männchen seine Partnerin als orangegelben Farbreiz wahrnimmt, dessen Form völlig gleichgültig ist, der aber in Bewegung anziehender wirkt als unbewegt. Schließlich reizt der gelbe Klecks vor allem dann, wenn er häufig verschwindet und wieder auftaucht — wie ein richtiges Weibchen.

Während ein nicht paarungsbereites Weibchen bei männlicher Annäherung schnell die Flucht ergreift, bleibt die paarungswillige Artgenossin in der Nähe des Männchens, schwirrt mit den Flügeln und fliegt langsam davon. Damit leitet das Weibchen die Flugbalz ein. Es fliegt wenige Meter über dem Boden und wird vom Männchen verfolgt. Sobald das Männchen seine Partnerin mit kräftigen Flügelschlägen eingeholt hat, unterfliegt es sie in

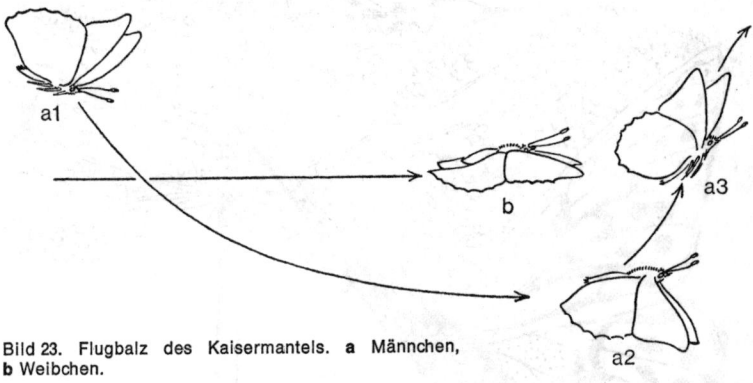

Bild 23. Flugbalz des Kaisermantels. **a** Männchen, **b** Weibchen.

schnellem Gleitflug, um dann dicht vor ihr steil hochzuziehen. Dadurch verliert das Männchen an Geschwindigkeit, das Weibchen ist wieder vorn, und das Spiel kann von neuem beginnen (Bild 23). Bei dieser Flugbalz wird das Weibchen offenbar durch einen Duftstoff stimuliert, der von Duftschuppen der männlichen Flügel stammt und den Fühlern des Weibchens beim Hochziehen des Männchens zugeweht wird.

Diese Flugbalz endet damit, daß sich das Weibchen auf einer Blüte oder auf einem Blatt niederläßt. Hier breitet es die schwirrenden Flügel ungewöhnlich weit aus, so daß es ganz flach sitzt (Bild 24), und hebt von Zeit zu Zeit den Hinterleib, offenbar um einen die sexuelle Aktivität des Männchens steigernden Duftstoff abzugeben. Das Männchen landet neben dem Weibchen, stellt sich im rechten Winkel zu ihm und verneigt sich viele

Male, wobei seine Flügel so weit geöffnet sind, wie das Weibchen lang ist (Bild 25).

Auch bei diesen Verneigungen wird das Weibchen wieder beduftet, um es begattungsbereit zu machen. Die auf Weibchenlänge geöffneten Flügel

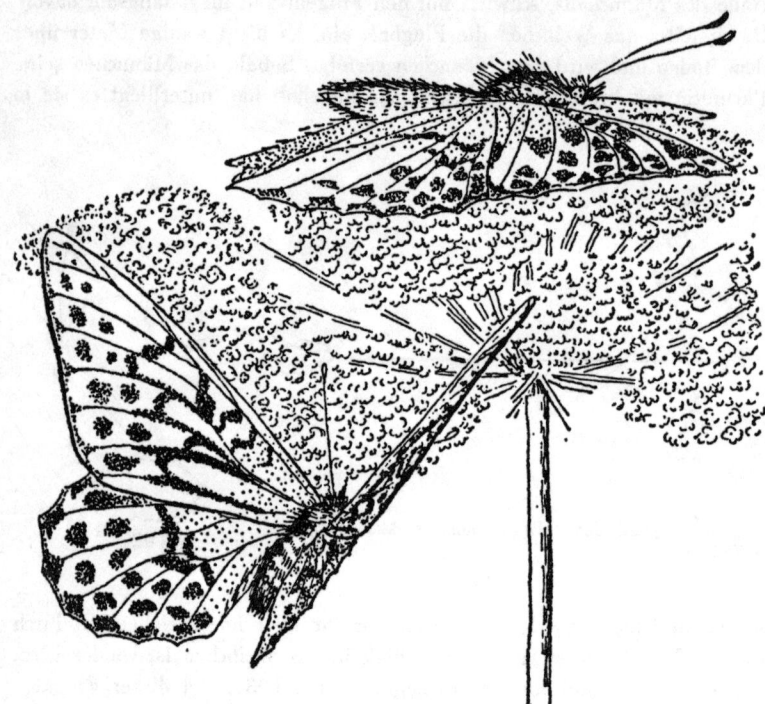

Bild 24. Bodenbalz des Kaisermantels. Das Männchen umfliegt das Weibchen, das sich begattungsbereit auf einer Dolde niedergelassen hat.

sollen das seitliche Entweichen des Duftes verhindern und ihm die nötige Richtung geben. Anschließend reizt das Männchen seine Angeduftete noch mechanisch, indem es mit den Tastern der Mundwerkzeuge auf die Hinterflügel des Weibchens stößt und mit einem seiner Fühler den Kopf des Weibchens bestreicht. Die weiblichen Hinterflügel wurden auch schon beim

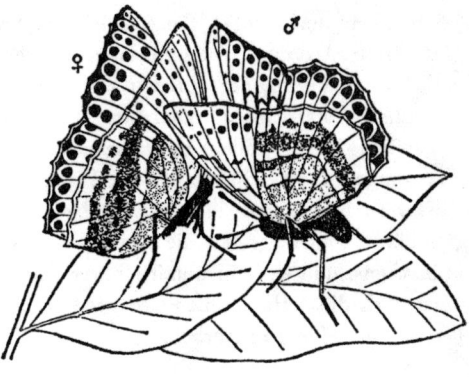

Bild 25. Das Kaisermantel-Männchen (♂) steht im rechten Winkel zum Weibchen und verneigt sich.

Verneigen mit Beinen und Fühlern betrommelt. Nebeneinandersitzend kommt es dann zur Verhakung der Geschlechtsapparate. Ist dies geschehen, dreht sich das Männchen so, daß die für Schmetterlinge typische Begattungsstellung eingenommen wird: Hinterende an Hinterende.

Er fliegt auf alles

Reich an Irrtümern ist die Weibchensuche des Samtfalters *(Eumenis semele)*, der, wenn er begattungslustig ist, jeden Schmetterling mit großer Geschwindigkeit anfliegt und abdreht, wenn er seinen Irrtum erkannt hat. Da unglücklicherweise die Samtfaltermännchen einige Tage vor den Weibchen schlüpfen, dauert das Irrtumsspiel eine Zeit. Der holländische Verhaltensforscher Professor TINBERGEN und seine Mitarbeiter haben sich sehr eingehend mit diesem Schmetterling befaßt. Auch sie wollten genau wissen, welches Signal den männlichen Anflug auslöst. Nach 50 000 Attrappenversuchen wußten sie, daß weder Farbe, Größe noch Form von Bedeutung sind. Das Objekt löste dann Anflug aus, wenn es sich vom Himmel gut abhob, also möglichst

Bild 26. Verbeugung des männlichen Samtfalters (rechts).

47

schwarz war, und ähnlich flatterte wie ein Schmetterling. Galt der Anflug nicht einer Attrappe, sondern einer Artgenossin, dann setzt sich diese nach kurzer Verfolgung auf den Boden und das Männchen landet ebenfalls hinter ihr. Eine Flugbalz findet also nicht statt. In Kopf-an-Kopf-Gegenüberstellung kommt es zunächst zu bestimmten Flügel- und Fühlerbewegungen, bis das Männchen die Flügel abspreizt, die Vorderflügel weit nach vorn bringt und dann sich verbeugend die Flügel zusammenklappt (Bild 26). Dabei geraten die weiblichen Fühler zwischen die Flügel des Männchens, und zwar in unmittelbarer Nähe von Duftschuppenfeldern. So dient auch diese Handlungsweise wieder dazu, die Partnerin mittels eines Duftstoffes gefügig zu machen.

Betörung mit Duft und Schlägen

Der seltsamste Käfer der Welt

Die eben geschilderten Balzhandlungen zweier Schmetterlinge zeigten uns, daß sowohl im männlichen als auch im weiblichen Geschlecht Duftstoffe zur Betörung des Partners eingesetzt werden. Da im Insektenreich vorwiegend die Weibchen paarungsunlustig sind, ist es in der Regel Sache der Männchen, durch Reize verschiedener Art, so auch durch Duftstoffe, die Sprödigkeit der Partnerin abzubauen.

Experten auf dem Gebiet der Beduftung sind die Männchen des Kronenkäfers *(Cerocoma schäfferi)*. Die Mitglieder seiner Gattung sind mit der berühmten „Spanischen Fliege" verwandt, von der wir gleich hören werden. Wie diese haben sie eine sehr komplizierte Entwicklung. Staunen haben seit jeher die Fühler der männlichen Cerocomen erregt. Sie sind die kompliziertesten Fühler, die es unter den Insekten überhaupt gibt, und da man bislang nicht wußte, warum sich der *Cerocoma*-Mann derart bizarre Kopfanhänge leistet, nannte man ihn den seltsamsten Käfer der Welt. Hinzu kommt noch, daß auch ein Tasterpaar der Mundwerkzeuge (Kiefertaster) im männlichen Geschlecht eine eigenartige Vergrößerung zweier Glieder zeigt und daß die Vorderbeine durch starke Behaarung und andere Umbildungen von denen der Weibchen unterschieden sind.

Ich hatte das Glück, den Kronenkäfer, der ein sehr seltener Bestandteil unserer heimischen Fauna ist, unweit Erlangens beobachten, fotografieren und filmen zu können. Man findet den 8—10 mm großen, wunderschön grün schillernden Käfer in der Nähe eines Weihergebietes auf den Blüten der Kamille, wo er Nektar saugt, Blütenstaub frißt und auch balzt. Die Beobachtung dieser Balz bestätigte meine Vermutung, daß die männlichen Fühler und auch die umgestalteten Taster und Vorderbeine etwas mit dem Liebesleben dieser Käfer zu tun haben, und ich konnte zumindest einen Teil des Fühlergeheimnisses lüften.

Begegnet ein männlicher Kronenkäfer einem Weibchen, dann stellt er sich sofort über seine Artgenossin und eröffnet eine höchst eigenartige Balz. Er beginnt nämlich mit seinen Vorderbeinen fächelnde Bewegungen auszuführen, die mit steigender Erregung immer schneller werden. Begleitet wird dieses Vorderbeinfächeln von nickenden Bewegungen des ganzen Körpers (Tafel 8, oben). Ich sah auch Männchen, die bereits fächelnd auf die Partnerin stiegen.

Diese lebhafte Tätigkeit des Männchens wird in gewissen Zeitabständen dadurch unterbrochen, daß eines der Vorderbeine entweder zwischen den beiden verdickten Tastergliedern oder aber am dritten Fühlerglied entlanggezogen wird. Sehr dünne Schnitte durch diese Region verrieten, daß drittes Fühlerglied und zweites Tasterglied Drüsenzellen beinhalten, die ein Sekret nach außen abgeben. Mit diesem Sekret werden die stark behaarten Vorderbeine beim Vorbeistreichen beschmiert, und sein Duft wird dem Weibchen zugefächelt. Der Erfolg dieser unermüdlichen männlichen Bemühungen läßt sich daran erkennen, daß das Weibchen seinen Kopf der Blütenunterlage eng andrückt. Jetzt ist es paarungsbereit, und das Männchen führt sein Begattungsglied ein, um allerdings dann sofort seine Reitstellung aufzugeben, denn die Kronenkäfer begatten sich Hinterende an Hinterende wie die Schmetterlinge.

Zum Morden verwendet

Die Spanische Fliege *(Lytta vesicatoria)* ist keine Fliege, sondern ein Käfer. Fliege nennt man ihn, weil er oft in großen Massen auftritt, und

„spanisch" ist er wegen seiner Häufigkeit in Südeuropa. Der schöne, metallisch grün schillernde und eineinhalb bis zwei Zentimeter große Käfer ist so berühmt und berüchtigt, daß ihn OFFENBACH zur Titelgestalt einer seiner Operetten wählte. Als Pflanzenfresser kann er im Mittelmeergebiet in Ölbaumkulturen großen Schaden anrichten. Bei uns ist die Spanische Fliege sehr selten, und wenn sie auftritt, dann ernährt sie sich vorwiegend von den Blättern der Esche. *Lytta* gehört wie der Kronenkäfer zur Familie der Meloidae, die auch Ölkäfer, Pflasterkäfer oder Blasenkäfer genannt werden. Alle Pflasterkäfer haben eine sehr langwierige Entwicklung. Aus dem Ei unseres Käfers schlüpft eine kleine Larve, die sich zunächst für einige Tage in der Erde vergräbt und dort wartet, bis ihr Insektenpanzer hart genug ist. Dann verspürt sie Hunger und sucht sich das Nest einer einzeln lebenden Biene, wo sie sich am Honig gütlich tut und ihre weitere Entwicklung durchmacht.

Der Vereinigung der Geschlechter geht bei *Lytta* eine sehr stürmische Balz voraus. Das Männchen steigt auf das Weibchen und erfaßt sofort mit einem Halteapparat an seinen Vorderbeinen die Fühler seiner Partnerin (Tafel 2, oben). Nachdem er sein Reittier auf diese Weise fest am Zügel hat, verlängert der *Lytta*-Mann seinen Hinterleib und schlägt damit das Weibchen in schneller Folge rechts-links-rechts-links in die Flanken. Das treibt er so lange, bis das Weibchen gefügig geworden ist und seinen Hinterleib emporbiegt, damit das männliche Glied eingeführt werden kann. Ist dies geschehen, steigt das Männchen, genau wie das des Kronenkäfers, von seiner Partnerin herunter, und beide bleiben Hinterende an Hinterende noch bis zu zwanzig Stunden vereinigt (Tafel 2, unten).

Aber deshalb ist die Spanische Fliege weder berühmt noch berüchtigt. Das sogenannte Cantharidin, ein Gift, das auch andere Pflasterkäfer in ihrem Blut und gewissen Drüsen des männlichen Geschlechtsapparates beherbergen, ist schuld daran, daß *Lytta* ihre Spuren in Kultur- und Medizingeschichte hinterließ. Der Giftstoff, den bereits 1810 der französische Apotheker ROBIQUET in kristalliner Form gewann, dient dem Käfer offenbar zur Feindabwehr. Bei starker Reizung vermag er nämlich einen Tropfen giftigen Blutes an den Beingelenken austreten lassen. Mit Cantharidin haben sich nicht nur Selbstmörder umgebracht, sondern man hat im Altertum zum Tode Verurteilte an Stelle des Schierlingssaftes mit dem Käfergift ins Jenseits befördert. Auch das berüchtigte Aqua Tofana, ein liebliches Wässerchen, mit dem man im 17. Jahrhundert in Sizilien und Italien Giftmorde verübte, soll Cantharidin enthalten haben. Aber auch in der Medizin spielte das Gift lange Zeit eine große und oft unheilvolle Rolle. Schon ein zehntausendstel Gramm verursacht auf der menschlichen Haut Rötung, Schmerzempfindung und schließlich die Bildung einer Wasserblase. Deshalb wurde das Cantharidin für blasenziehende Pflaster verwendet. Bis zum Anfang des vorigen Jahrhunderts galt die Spanische Fliege als Heilmittel gegen Wassersucht, Fieber, Keuchhusten, Rippenfellentzündung und Nieren- und Blasenleiden. Der harntreibenden Wirkung wegen nannte man sie in Bayern auch Soachkäfer oder Haferlkäfer. Eingenommen verursachen 0,3 bis 0,5 hundertstel Gramm Cantharidin ein Gefühl der Wärme. Nimmt ein Mensch mehr als fünf hundertstel Gramm zu sich, kommt es zu schweren Krankheitserscheinungen: Brennen und Blasenbildung im Mund, Schluckbeschwerden, Magenkrämpfe, Erbrechen und blutiger Durchfall. Es werden vor allem Nieren- und Geschlechtswege angegriffen, und in schweren Vergiftungsfällen tritt der Tod ein, da sämtliche Nierenkanälchen zugrunde gehen. Weil es durch die Nierenentzündung bei Männern zu krankhaften Erektionen, bei Frauen zu Blutungen kommt, verwendete man früher die Spanische Fliege auch als Aphrodisiakum und zur Abtreibung.

Im Geschlechtsleben dieser Käfer spielt das Cantharidin allerdings keine Rolle, es sei denn, der scharfe Geruch führt die Geschlechter zusammen. Vielleicht reicht diese Vermutung, um mein Abschweifen vom Thema zu entschuldigen!

Lockdüfte

Sie kommen von weit her

Das Nachtpfauenauge *(Saturnia pyri)* ist der größte europäische Schmetterling. Wir Mitteleuropäer müssen allerdings auf dieses schöne Tier verzichten — Südeuropa ist seine Heimat. Zu den derart bevorzugten Südeuropäern gehörte auch der berühmte und hier schon einmal genannte französische Insektenforscher HENRI FABRE; er lebte von 1823 bis 1915 und hat in seinen „Souvenirs entomologiques" diesem Falter ein eigenes Kapitel gewidmet. Er berichtet, daß an einem Morgen im Mai ein weibliches Nachtpfauenauge bei ihm schlüpfte, das er dann unter einer Drahtglocke in seinem Arbeitszimmer unterbrachte. „Gegen neun Uhr abends", heißt es in der Übersetzung K. GUGGENHEIMS, „während das Haus sich schon zum Schlaf bereit machte, vernahm ich aus dem an mein Zimmer anstoßenden Gemach ein großes Gepolter. Halb angekleidet läuft, springt und trampelt, Stühle umwerfend, mein kleiner Paul wie närrisch umher. Ich höre, wie er nach mir ruft. ‚Komm rasch', schreit er, ‚sieh die Schmetterlinge, so groß wie Vögel, das ganze Zimmer ist voll davon!' ... Es hat den Anschein, als habe das Nachtpfauenauge so ziemlich überall von meiner Behausung Besitz ergriffen. Wie erst wird es oben bei meiner Gefangenen, der Ursache dieses Zustroms, aussehen? Glücklicherweise war eines der beiden Fenster meines Arbeitsraumes offen geblieben. Der Weg zu ihr ist also frei. Eine brennende Kerze in der Hand, betreten wir den Raum. Was wir da zu sehen bekommen, bleibt unvergeßlich. Mit gedämpftem Flick-flack umkreisen die Schmetterlinge in der dunklen Nacht die Drahtglocke, lassen sich auf ihr nieder, erheben sich, steigen zur Decke empor, kommen wieder. Sie stürzen sich auf die Kerzenflamme, löschen sie aus mit einem einzigen Flügelschlag, setzen sich auf unsere Schultern, klammern sich an unsere Kleider, streifen unsere Gesichter... Wie viele sind es? Es mögen ihrer zwanzig sein. Fügen wir diesen die Verirrten in der Küche, im Schlafzimmer der Kinder und in anderen Räumen des Hauses hinzu, so werden wir auf vierzig kommen. Das war ein denkwürdiger Abend, dieser Abend des Nachtpfauenauges. Von überall her, und ich weiß nicht, wodurch benachrichtigt, sind vierzig Verliebte herbeigeeilt, um dem am Morgen in der Abgeschlossenheit meines Arbeitszimmers geborenen Weibchen ihre Huldigung darzubringen." Diesem Erlebnis schloß FABRE Versuche an, die klären sollten, auf welche Weise die männlichen

Tafel 5. Oben: Rechte Flügeldeckenspitze eines männlichen Zipfelkäfers (Anthocomus coccineus) von innen gesehen. Der Fortsatz des Flügeldeckenorgans trägt einen Haarpinsel, der das Geschmackssekret serviert.
Unten: Männliches Kopfgrubenorgan des Zipfelkäfers Troglops albicans. Die vor der Grube liegenden ovalen Felder scheiden Geschmackssekret für die Lippentaster des Weibchens ab. Aber auch am Grubenrand und in Augennähe tritt der Liebestrank aus. Zeichnungen: Matthes

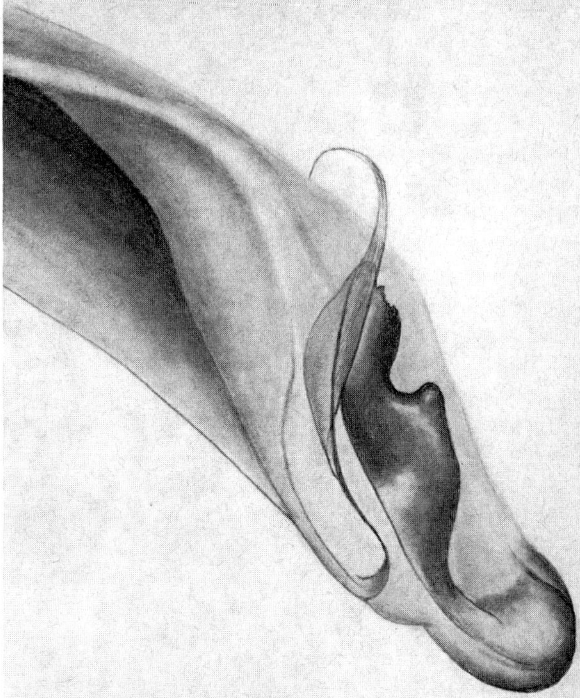

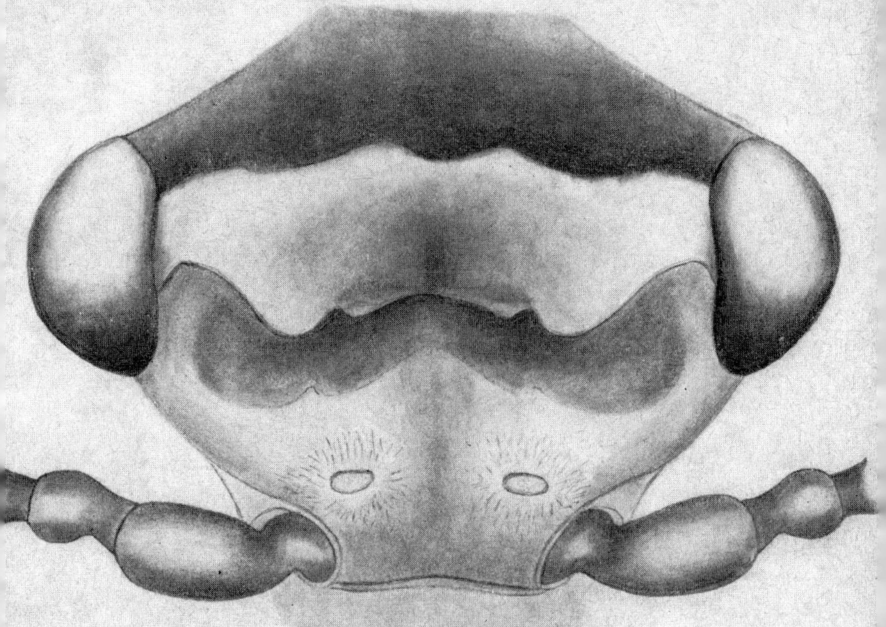

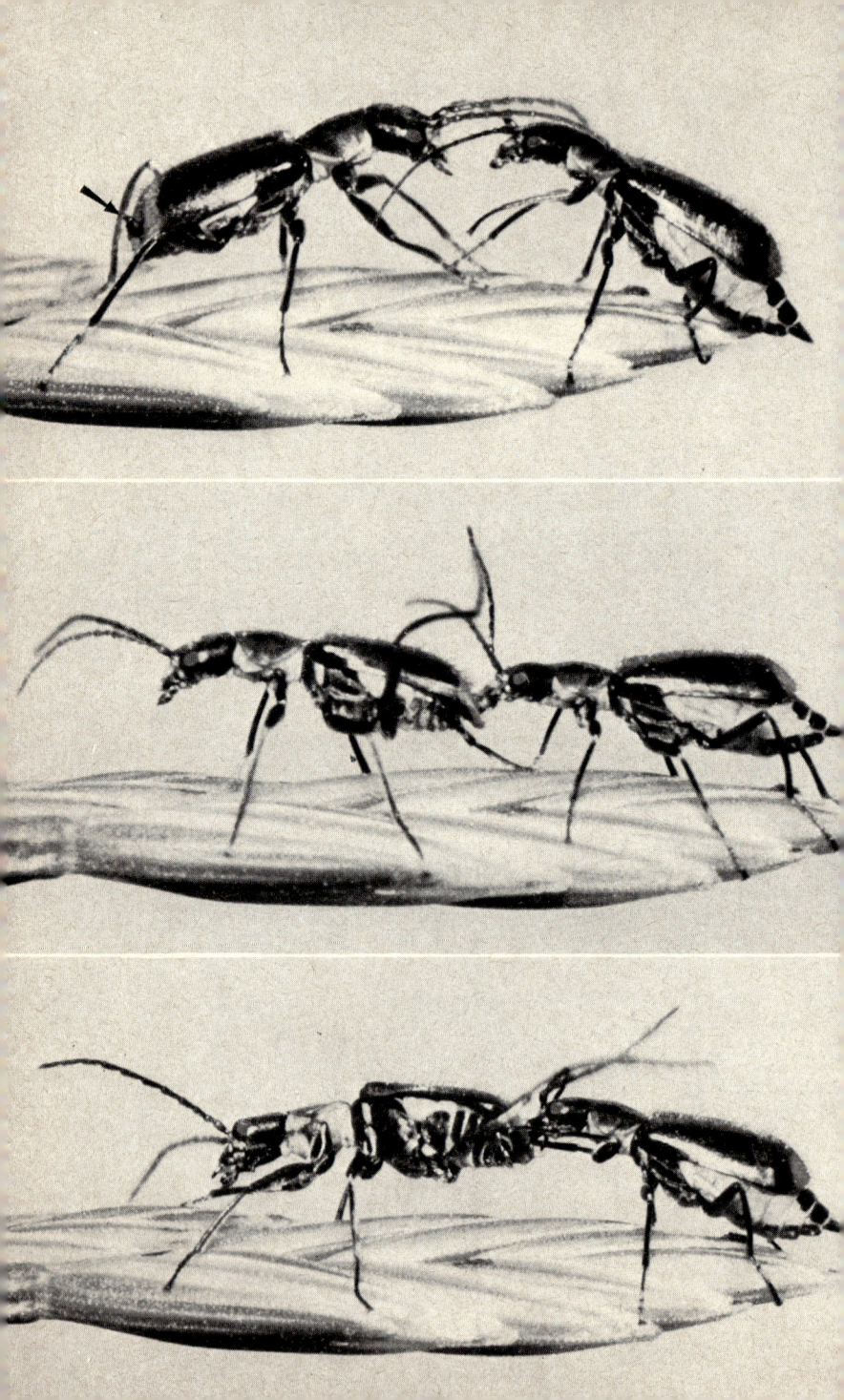

Falter das versteckte Weibchen fanden. Es gelang ihm aber nicht, dieses Phänomen zu klären. Wir wissen heute, daß die Weibchen sehr vieler Schmetterlingsarten an ihrem Hinterleib über Drüsen verfügen, deren duftendes Sekret Männchen aus oft bemerkenswerten Entfernungen anlockt. Vor allem träge und seßhafte oder gar flügellose Weibchen sind auf diese Form der Heiratsanzeige angewiesen. Um die Fernwirkung des weiblichen Parfüms zu prüfen, unternahm in Südchina ein deutscher Naturforscher namens MELL einen recht einfachen und drastischen Versuch mit einem ostasiatischen Pfauenauge. Auf seiner Veranda stellte er einen großen Käfig mit frisch geschlüpften Weibchen auf. Ein Freund von ihm, so berichtet Professor v. BUDDENBROCK, fuhr mit einer Anzahl gekennzeichneter Männchen mit der Lokalbahn ins Land und ließ auf jeder Station etliche Männchen fliegen. Das Ergebnis war, daß aus 4 km Entfernung 46% der Männchen zu den Weibchen fanden, von den aus 11 km Entfernung freigelassenen landeten immerhin noch 26% an der Duftquelle auf der Veranda.

Mit Alkohol lockt man Männer

Der Seidenspinner *(Bombyx mori)* ist sozusagen ein Haustier: Er wird seit langen Zeiten vom Menschen gezüchtet, da aus seinen Puppenkokons die Rohseide gewonnen wird. Seine Raupen leben von den Blättern des Maulbeerbaumes, und seine Weibchen haben wirksame Duftdrüsen. Da in diesen Drüsen nur winzige Duftstoffmengen vorhanden sind, war ein ohnehin in Massen gezüchteter Falter das ideale Objekt, die chemische Natur eines solchen Duftstoffes zu ergründen. Nobelpreisträger Professor BUTENANDT und seinen Schülern gelang es, aus 500 000 Drüsen weiblicher Seidenspinner zwölf Milligramm eines Esters zu gewinnen, aus dem der farblose Lockstoff, ein doppelt ungesättigter Alkohol, hergestellt werden konnte. Dieses 10-trans-12-cis-hexadecadien-1-ol, wie es in der Fachsprache

---

Tafel 6. Balz des Zipfelkäfers Axinotarsus pulicarius. Oben: Das Paar steht sich frontal gegenüber. Die Vorderbeine sind zum Betrommeln bereit. Beim Männchen (links) sind die schwarzen Fortsätze des Flügeldeckenorgans zu erkennen (Pfeil!).
Mitte: Das Weibchen (rechts) beißt in das Flügeldeckenorgan des Männchens, das erregt das linke Hinterbein hochwirft.
Unten: Heftiger Biß des Weibchens in das männliche Organ. Aufnahmen: Matthes

der Chemiker heißt, bekam den Namen Bombykol. Die Formel des Bombykols lautet:

$$CH_3(CH_2)_2CH=CHCH=CH(CH_2)_8CH_2OH$$

Bringt man einen Glasstab, der mit einer lockstoffhaltigen Lösung benetzt ist, in die Nähe eines Seidenspinnermännchens, dann bewegt es seine Fühler und schlägt lebhaft mit den Flügeln. Bei hoher Duftkonzentration führt das Männchen einen Schwirrtanz auf und versucht schließlich, durch das Bombykol geschlechtlich angeregt, den Glasstab zu begatten. Wahrgenommen wird der weibliche Duft von den Geruchsorganen, die sich auf den Fühlern des Männchens befinden. Damit möglichst viele von diesen Empfangsapparaten Platz haben, sind die Fühler der männlichen Schmetterlinge oft größer und reicher gegliedert als die der Weibchen. Das ist auch bei anderen Insekten so. Erinnern Sie sich, daß Sie als Kind die männlichen Maikäfer an ihren größeren Fühlern erkannten? Die weiblichen Seidenspinner können selbstverständlich auch riechen. Nur für ihren eigenen Duft sind sie völlig unempfindlich.

Auch das Weibchen des Schwammspinners *(Porthetria dispar)* produziert in seinen Lockdrüsen einen Duftstoff, das cis-7,8-epoxy-2-Methyloctadecan. Von ihm werden Männchen noch aus einer Entfernung von 16 km angelockt. Bis vor kurzem hatte man eine andere Verbindung, das Glyptol, für den Lockstoff gehalten. Dieser Falter, der seinen Namen dem schwammartigen Aussehen seines Geleges verdankt, ist in Europa, Nordafrika und Asien zu Hause. Durch seine Raupe werden zuweilen Obst- und Alleebäume geschädigt. Ende des vorigen Jahrhunderts wurde der Schwammspinner durch die Unvorsichtigkeit eines Schmetterlingszüchters nach Nordamerika eingeschleppt. Dort hat sich der Fremdling enorm vermehrt, da ihm in Amerika seine natürlichen Feinde fehlen. Hinzu kommt, daß die Raupe hinsichtlich ihrer Fraßpflanzen überhaupt nicht wählerisch ist und in den Staaten auf vierhundert Pflanzenarten angetroffen wird. Man lockt die Männchen der „gypsy moth", wie man den Falter dort nennt, mit dem Duftstoff an, um sie zu vernichten, oder um überhaupt erst einmal festzustellen, ob und in welcher Menge der Schädling in einem bestimmten Gebiet vorkommt. Man hat auch schon Feinde des Schwammspinners, so zum Beispiel gewisse Schlupfwespen, über den großen Teich gebracht, um auf biologischem Wege seine Massenvermehrung einzudämmen.

Sind Seitensprünge möglich?

In lebenden Geweben entstehen elektrische Spannungen, die man mit feinen Elektroden ableiten und auf der Braunschen Röhre eines Oszillographen sichtbar machen kann. Allerdings sind diese Spannungen so schwach, daß man sie vorher verstärken muß. Werden die Nervenzellen eines Sinnesorgans durch einen Reiz angesprochen, dann kann man an ihnen kurze elektrische Impulse feststellen, die sich entlang der Nervenfortsätze in Richtung Gehirn fortpflanzen. So reagieren die Riechzellen des Seidenspinners bereits auf ein einzelnes Bombykolmolekül mit einem solchen Impuls. Mit dieser elektro-physiologischen Methode hat Dr. PRIESNER vom Max-Planck-Institut für Verhaltensphysiologie in Seewiesen die Männchen über hundert verschiedener Schmetterlingsarten aus der Familie der Nachtpfauenaugen befragt, ob sie auf den Duft artfremder Weibchen ansprechen. Bei den Interviews mußten die Tiere jedoch nicht persönlich erscheinen, sondern Dr. PRIESNER konnte sich auf den an den Oszillographen angeschlossenen männlichen Fühler und die herauspräparierten Lockstoffdrüsen der Weibchen beschränken (Tafel 4, oben). Nahm die Antenne den ihr vorgehaltenen artfremden Lockstoff wahr, dann gab es entsprechende Kurvenausschläge auf der Röhre. Es zeigte sich, daß auch artfremde Lockstoffe wirksam sind, und zwar vor allem die nahe verwandter Arten. Trotzdem kommt es in der Natur kaum vor, daß ein artfremdes Männchen angelockt oder gar zu einem „Seitensprung" verführt wird. Entweder leben nah verwandte Arten in verschiedenen Lebensräumen, oder es ist durch verschiedene Flug- und Reifezeiten dafür gesorgt, daß so etwas nicht passiert.

Parfümsammler

Die Männchen der in den Wäldern Südamerikas lebenden Prachtbienen (Euglossinen) kennzeichnen ihre Balzplätze mit Duftstoffen. Das ist nicht außergewöhnlich, denn auch andere Hautflügler markieren mit duftenden Sekreten. Ungewöhnlich ist aber die Herkunft des von den Prachtbienenmännchen verwendeten Parfüms — sie stellen dieses nämlich nicht selbst her, sondern beziehen es von Parfümblumen. Das sind Orchideen, die ihren Blütenbesuchern statt Nektar aromatisch oder terpentinartig riechende Drüsensekrete anbieten. Vom Duft angelockt, landen die Männchen auf den Blüten und nehmen die kleinen Sekrettropfen in emsiger Tätigkeit mit pinselartigen Haarbüscheln ihrer Vorderbeine auf. Dabei geraten die Duftsammler in einen rauschähnlichen Zustand. Während des anschließenden Fluges wird das erbeutete Sekret an das Mittelbein übergeben, und von diesem wird das Parfüm in einen Behälter übertragen, der aus einer Umbildung der Hinterbeinschienen entstanden ist. An ihren aufgeblähten Hinterbeinschienen kann man die Männchen sofort als solche erkennen. Im Behälter befindliche Drüsenzellen scheiden ein fettes Öl ab, das dem Duftstoff beigegeben wird, so daß ein wenig flüchtiges Duftöl entsteht. Alle möglichen Duftquellen, nicht nur die der Orchideen, werden von den eifrigen Parfümsammlern ausgebeutet, und auch innerhalb einer Art, so berichtet uns Professor VOGEL, werden die verschiedensten Aromen verwendet. Beim Markieren wird der Duftstoff unter lautlosem Flügelschwirren abgegeben. Völlig geklärt ist übrigens die Verwendung des gesammelten Duftes noch nicht.

Hochzeitsgeschenke

Tanzende Fliegen

Nicht nur Mücken tanzen in Schwärmen. Die Tanzfliegen (Empididen) treiben es ähnlich. Bei ihnen allerdings können die Rollen vertauscht sein, denn es gibt Arten, deren Weibchen schwärmen, während die Männchen einzeln in die weiblichen Tanzgesellschaften einfliegen. Die meist unter 10 mm großen Tanzfliegen sind über die ganze Erde verbreitet, bevorzugen jedoch die gemäßigten Zonen. Sie tanzen bei uns im Frühsommer in der Nähe von Wasserflächen oder in feuchten, schattigen Wäldern. Empididen sind entweder Nektartrinker oder aber Räuber, die erbeutete Insekten mit einem langen, nach unten gerichteten Rüssel aussaugen.

Kavaliere der Luft

In der Tanzfliegengattung *Empis* ist es üblich, daß sich das Männchen, ehe es auf Freiersflügeln entschwebt, eines Beutetieres bemächtigt. Irgendein Insekt, meist eine andere Fliege, wird getötet und gepackt. Beutebeladen wird dann ein Weibchen von unten angeflogen. In einem bestimmten Moment läßt sich dann das Weibchen auf das unter ihm fliegende Männchen fallen, und es kommt zu einem turbulenten Wirbel, wobei die Position gewechselt, die Begattung begonnen und die Beute dem Weibchen als Hochzeitsgeschenk überreicht wird. Als Ergebnis sitzt das begattende Männchen auf dem Weibchen, und dieses hält mit seinen Beinen das Beutetier, das es mit seinem Rüssel aussaugt, während das Männchen ungestört die Begattung vornimmt.

Es gibt auch Tanzfliegen, deren Männchen dem Weibchen ein lebendes Opfer überreichen. Damit es keine Komplikationen gibt, wird das Beutetier vorher gefesselt. Es wird in feine Spinnfäden eingewickelt, die aus besonderen Spinndrüsen der männlichen Vorderbeine stammen.

Münchhausen auf der Kanonenkugel

Den Männchen der Tanzfliege *Empis aerobatica* genügt es nicht, das Geschenk lediglich einzuwickeln. Sie spinnen einen 7 mm langen Ballon, in den sie das Beuteobjekt einschließen. Mit diesem Ballon zwischen den Beinen kommen sie wie Münchhausen auf der Kanonenkugel angeflogen (Bild 27). Aber das so auffallend verpackte Geschenk wird gar nicht überreicht. Bereits der Anblick des herrlichen Paketes macht das Weibchen paarungsbereit. Es läßt sich auf das Männchen fallen, und die Begattung

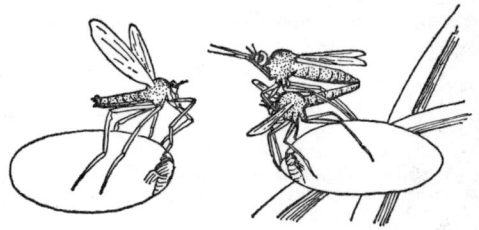

Bild 27. Links: Das Männchen der Tanzfliegenart Empis aerobatica kommt mit dem Gespinstballon angeflogen, der ein Beuteinsekt einschließt, das gar nicht verspeist wird.
Rechts: Das Weibchen (oben) hat sich auf dem Männchen niedergelassen und die Begattung findet statt.

findet ohne vorherigen Stellungswechsel statt. Die miteinander verbundenen Tiere sinken ins Gras, und das oben sitzende Weibchen übernimmt die Aufhängung an einem Blatt. Wenn die Paarung beendet ist, läßt das Männchen den Ballon fallen.

Die Männchen anderer Tanzfliegen machen sich überhaupt nicht mehr die Mühe des Beutefangs. Sie spinnen Ungenießbares, wie Samenkörner oder Holzstückchen in den Ballon ein oder lassen ihn völlig leer. Das leere Gespinst wird damit zu einem rein optischen Signal oder tritt als Symbol an die Stelle des Hochzeitsgeschenkes.

Schleiertänze

Die Männchen einer nur 3 mm großen Tanzfliegenart *(Hilaria sartor)* spinnen mit ihren Vorderbeindrüsen ein kleines ovales Schleierchen oder Plättchen, das sie beim Schwarmtanz mit den Hinterbeinen halten. Bei dem lebhaften Flug der Tiere leuchten die Seidenschleier im Sonnenlicht auf, und ihr Anblick löst beim Weibchen Paarungsbereitschaft aus. Auch bei dieser Tanzfliege landet zunächst das Weibchen auf dem Männchen. Beim anschließenden Stellungswechsel und Begattungsbeginn muß das Männchen seinen Schleier fallen lassen, da es auf dem Weibchen sitzend seine Hinterbeine anderweitig benötigt.

Ein Samenkorn wird überreicht

Der französische Zoologe CARAYON berichtet von einer Blattwanze *(Stilbocoris natalensis)*, deren Männchen dem Weibchen vor der Begattung ein Samenkorn überreicht. Ehe dies in einem umständlichen Ritual geschieht, sticht das Männchen das Samenkorn an und injiziert der Hochzeitsgabe seinen Speichel (Bild 28). Ohne Samenkorn hat das Männchen keine Chance, jemals zum Ziel zu gelangen.

Bild 28. Das Männchen der Wanze Stilbocoris bringt zur Begattung dem Weibchen ein Samenkorn mit, in das es vorher seinen Speichel injiziert. Im Bild oben das Männchen links, sonst stets rechts.

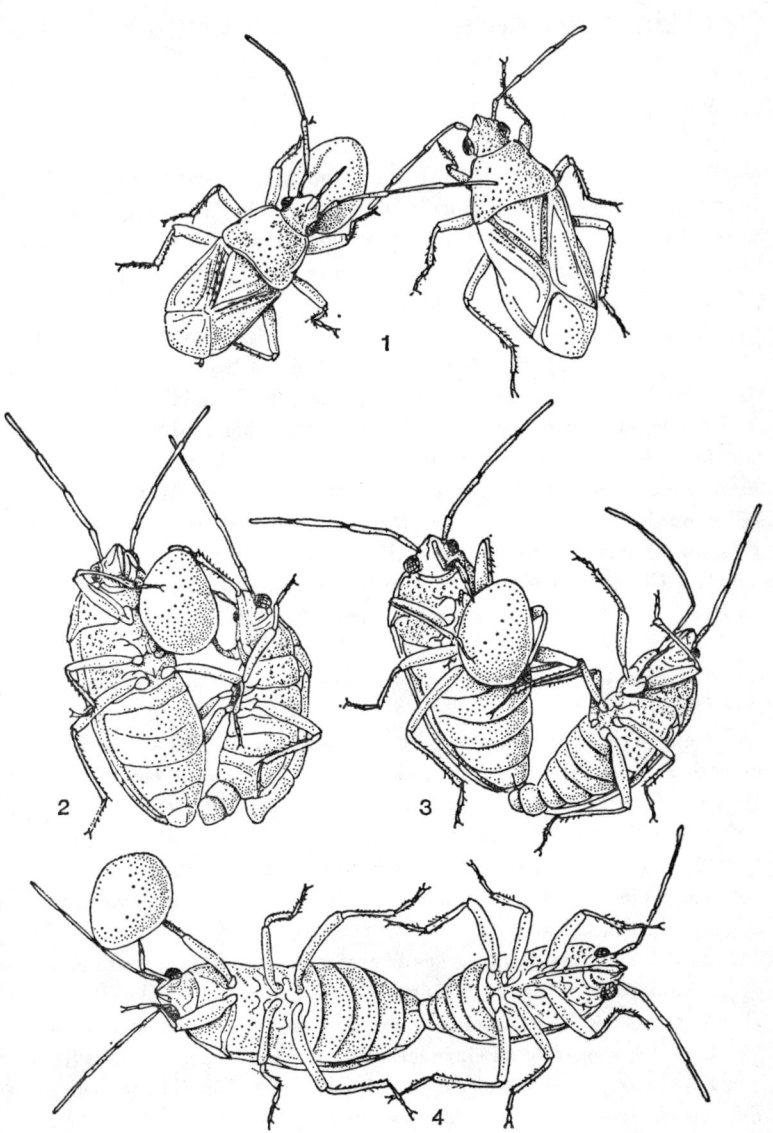

Das Männchen serviert

Der Bonbonfabrikant

Die Schnabelfliegen (Mecoptera) sind eine uralte Gruppe vierflügeliger Insekten, die ihren Namen einer schnabelartigen Verlängerung ihres Kopfes verdanken. Sie erlebten ihre Blütezeit im Erdmittelalter, und die älteste als Versteinerung erhaltene Schnabelfliege ist 270 Millionen Jahre alt. Aber auch heute leben noch Vertreter dieser Insektenordnung, von denen die Skorpionsfliege *(Panorpa)* am häufigsten und für uns besonders interessant ist. Man findet die Panorpen vom Mai bis September im Schatten dichter Gebüsche. Die ungefähr 2 cm großen Insekten fallen durch ihren unsicher wirkenden Flatterflug auf, und beim näheren Hinsehen schmunzelt man über das lustige Portrait dieser „Schnabeltiere" (Tafel 3). Die Mundwerkzeuge befinden sich an der Spitze des Schnabels, und mit ihrer Hilfe werden verletzte Insekten, frische Insektenleichen oder aber auch Pflanzensäfte aufgenommen. Das Männchen der Schnabelfliegen erkennt man am Hinterleibsende, dessen Geschlechtsabschnitt ballonartig verdickt, nach oben umgeschlagen und mit Zangen versehen ist. Mit den Zangen wird das Weibchen bei der Paarung erfaßt, und weil die ganze Einrichtung an den Hinterleibsstachel der Skorpione erinnert, entstand der Name Skorpionsfliege.

Wenn ein solches Männchen das Puppenstadium beendet hat, dann dauert es noch acht bis zehn Tage, bis sich das Interesse am anderen Geschlecht einstellt. In dieser Zeit nämlich wachsen die Speicheldrüsen erst zu ihrer vollen Größe heran und sind dann, da sie für das Liebesleben der Skorpionsfliegen von merkwürdiger Bedeutung sind, wesentlich stärker ausgebildet als im weiblichen Geschlecht. Doch das kann man von außen natürlich nicht sehen.

Nähert sich ein begattungslustiges Skorpionsfliegenmännchen einem Weibchen, dann zeigt es ein eigenartiges Flügelschwirren. Bei der Begattung sitzen die beiden Tiere nebeneinander, und das Männchen setzt, nachdem die Geschlechtsapparate miteinander verbunden sind, einen sofort erhärtenden Speicheltropfen vor seiner Partnerin ab. Dieses Eiweißkügelchen formt der Spender noch mit seinen Mundwerkzeugen zu einem kleinen Zylinder,

der dann vom Weibchen sofort verspeist wird. Diese angenehme Tätigkeit des Fressens lenkt das Weibchen vom Paarungsvorgang ab, und nach Verzehr von Nummer eins wird nachgeliefert. Bis zu sieben Bonbons werden vom Weibchen während einer Begattung, die eine Viertelstunde oder aber auch mehrere Stunden dauern kann, verspeist. Findet jedoch das Weibchen etwas anderes zum Fressen, dann denkt das Männchen gar nicht daran, seine Bonbonfabrikation zu eröffnen. Der Speichel wird gespart, denn innerhalb einer Zeit von drei Wochen begattet das Männchen mehrere Weibchen.

Der Saftspender

Zu den ältesten Insektenordnungen gehören auch die Schaben (Blattaria). Sie sind mit 3000 verschiedenen Arten über die Erde verbreitet, und da sie Wärme und Dunkelheit lieben, bevorzugen sie tropische Wälder, wo Schwüle und Dämmerlicht herrschen. Ein paar Schabenarten haben sich jedoch an das Leben in warmen menschlichen Behausungen angepaßt. Der Mensch findet die flinken Mitbewohner allerdings durchaus nicht sympathisch, und da sich auch Völker und Stämme untereinander oft nicht mögen, schob man sich Auftreten und Einschleppung der Schaben gern gegenseitig in die Schuhe. Der erste, der damit begann, war der schwedische Naturforscher CARL VON LINNÉ. Er gab der in allen Kulturländern mit dem Menschen zusammenlebenden Hausschabe den Artnamen „germanica", weshalb sie auch Deutsche Schabe genannt wird. „Beliebt sind sie nirgends", schreibt Professor KARL VON FRISCH in seinem Büchlein ,Zehn kleine Hausgenossen'. „Das sieht man schon aus den landesüblichen Bezeichnungen. In manchen Teilen Süddeutschlands sind sie als ,Preußen' bekannt, im Norden als ,Schwaben', in Westdeutschland heißen sie ,Franzosen' und im Osten ,Russen'. In Rußland sind sie wieder die ,Preußen'."
Die von LINNÉ so anzüglich benannte Hausschabe *(Blattella germanica)* gehört zu jenen Arten aus dieser Sippe, deren Fortpflanzungsverhalten sehr bemerkenswert ist, da ihre Männchen über „Saftorgane" verfügen, wie wir sie ganz ähnlich schon bei den Blumengrillen kennenlernten. Die ungefähr 12 mm großen und gelbbraun gefärbten Tiere stammen vermutlich aus Afrika und leben bei uns in ständig warmen Räumen wie Backstuben, Großküchen und Krankenhäusern.

Da die Deutsche Schabe nur des Nachts munter — oder in der Sprache der Wissenschaft „nachtaktiv" — ist, mußte ihr Liebesleben im Dämmerlicht beobachtet werden, und es war von vornherein zu vermuten, daß sich die Tiere als Geschlechtspartner nicht durch den Gesichtssinn erkennen. In der Tat „weiß" die Deutsche Schabe erst, wenn sie ihr Gegenüber mit ihren Fühlern berührt hat, woran sie ist. Die Weibchen nämlich scheiden aus Drüsen ihrer Haut ein Sekret ab, mit dem ihr ganzer Körper beschmiert ist. Es dient sozusagen als weibliche Visitenkarte. Sinnesorgane an den männlichen Fühlern reagieren auf diesen Erkennungsstoff und geben eine entsprechende Nachricht an das Gehirn. Es wird aber nicht nur „Weibchen" gemeldet, sondern das Männchen gerät durch die Wahrnehmung des weiblichen Parfüms in geschlechtliche Erregung. In Erregung wird eine männliche Schabe auch dann versetzt, wenn man ihr ein anderes Männchen anbietet, das vorher mit weiblichem Sekret beschmiert wurde. Sogar ein mit dem weiblichen Aphrodisiakum getränktes Stück Löschpapier bringt einen Schabenmann in Begattungsstimmung.

Das erkannte Weibchen ergreift zunächst in der Regel die Flucht und wird vom Männchen verfolgt, überholt und frontal gestellt. Die Partner stehen sich jetzt Stirn an Stirn gegenüber, und das Männchen beginnt die Erkorene mit den Fühlern zu betrommeln. Nach etwa einer Minute hebt es seine beiden Flügelpaare, die dann vom Körper in einem Winkel von 45—90° abstehen. Dadurch werden zwei gruben- oder taschenartige Vertiefungen auf der Oberseite des männlichen Hinterleibs freigelegt, in die ein offenbar wohlschmeckendes Drüsensekret abgeschieden wird. Nach diesem Aufstellen der Flügel dreht sich das Männchen um 180° und wendet damit seinen Hinterleib der Partnerin zu, die sofort mit ihren Fühlern die Drüsengruben betastet. Dann schreitet das Weibchen vorwärts, bis seine Mundwerkzeuge über dem verlockenden Angebot angelangt sind. Nach einem kurzen Kosten mit den Fühlern seiner Mundteile (Kiefertaster, Lippentaster) beginnt es dann vom Grubensekret zu lecken (Bild 29). Auf diese Weise ist das Weibchen in eine Stellung manövriert worden, in der allein es dem Männchen gelingt, die Begattung einzuleiten. Ganz plötzlich schnellt es einige Schritte rückwärts und verankert sich mit den Anhängen seiner Begattungsorgane an der Geschlechtsöffnung des Weibchens. Erst wenn dies geglückt ist, wird die anfangs so aufwendig herbeigeführte Position aufgegeben und die Tiere drehen sich so, daß sie Hinterende an Hinter-

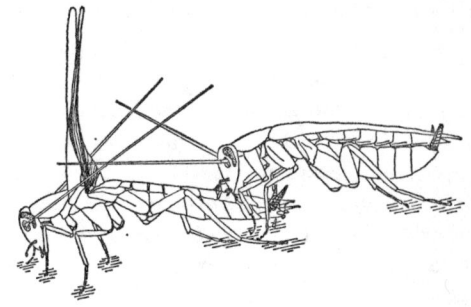

Bild 29. Pärchen der Deutschen Schabe. Das Männchen (links) hat seine Flügel hochgestellt, und das Weibchen leckt am männlichen Drüsenorgan.

ende hängen. Nur in dieser Stellung kann das männliche Begattungsglied eingeführt und ein Samenpaket übertragen werden. Es bestehen kaum Zweifel, daß auch hier das Drüsensekret wie bei den Blumengrillen durch einen süßen Fraßstoff ersetzt werden könnte. Aufgabe des Sekrets ist es ja nur, das Weibchen in eine für den Beginn der Begattung notwendige Stellung zu zwingen. Entfernt man die Drüsengruben, dann geht es auch ohne sie. Gewiß irrt sich der englische Insektenforscher C. G. BUTLER, wenn er den Fraßstoff der Schaben für ein Aphrodisiakum hält. Der Aufmerksamkeit des Engländers entging, daß es so etwas aber tatsächlich gibt. Im Tierreich damit einzig dastehend, betören die Männchen der Zipfelkäfer ihre spröden Weibchen durch Darreichung eines Geschmacksstoffes. Von diesen Käfern und ihrer Geschmacksbalz soll jetzt die Rede sein.

Die Geschmacksbalz der Zipfelkäfer

Zipfelkäfer: Wo? Wann? Wieso?

Die Familie der Zipfelkäfer (Malachiidae) ist vorwiegend in südlichen Regionen verbreitet. Die wenigen bei uns lebenden Arten findet man in den Monaten Mai bis Juli vor allem auf blühenden Gräsern, deren Blütenstaub auf ihrem Speisezettel an erster Stelle steht. Zur Aufnahme der kleinen Pollenkörner haben sich ihre Käfermundwerkzeuge zu einer regelrechten Pollenkehrmaschine entwickelt, die mein Schüler Dr. E. SCHICHA entdeckte. Eine unserer heimischen Arten, der schön rot gefärbte *Antho-*

comus coccineus — wir werden noch nähere Bekanntschaft mit ihm schließen — erscheint jedoch erst im Herbst, um sich an blühendem Schilf gütlich zu tun. Die Größe der Zipfelkäfer liegt zwischen zwei und sieben Millimeter, und häufig sind sie hübsch metallisch gefärbt. Nimmt man ein Exemplar in die Finger, dann stülpt das Tier zwischen Kopf und Vorderbrust sowie zwischen Hinterbrust und Hinterleib zwei Paare zipfelartiger roter Hautblasen aus. Auf diese auffallenden Gebilde, über deren Bedeutung man noch immer im Unklaren ist, bezieht sich der deutsche Name der Familie. Die einzelnen Arten haben leider keine deutschen Namen.

„First comes the candy"

Die Männchen vieler Zipfelkäferarten verfügen über sekretabscheidende Organe, die an den verschiedensten Körperstellen auftreten können. Bei jenen Arten, die bei uns in Mitteleuropa leben, liegt das männliche Sekretorgan entweder an der Spitze der Flügeldecken, also am Hinterende, oder als grubenartige Vertiefung der Stirnregion am Kopf und somit vorn. Dieses Organ bietet das Männchen im Verlauf einer für den menschlichen Beschauer höchst amüsanten Balz seiner Partnerin zum Hineinbeißen oder zum Beknabbern an. Oft erst nach sehr vielen solchen Beknabberungen, bei denen das Weibchen vom Geschmackssekret nascht, wird die anfängliche Paarungsunlust der Umworbenen beseitigt. Ich habe mich selbst mit diesem eigenartigen Phänomen eingehend beschäftigt, und als das amerikanische Nachrichtenmagazin „Time" über meine Forschungsergebnisse berichtete, meinte man „First comes the candy".

Es schmeckt an vielen Stellen

Die Organe, mit denen Geschmacksreize aufgenommen werden, liegen bei Käfern in der Mundhöhle und an den Spitzen jener beiden Fühlerpaare, die als Kiefer- und Lippentaster zu Unterkiefer und Unterlippe gehören. Entsprechend dieser Verteilung der aufnehmenden Sinnesapparatur, haben auch die Sekretorgane der männlichen Zipfelkäfer eigene Sekretaustrittsstellen für die Mundhöhle der Hineinbeißenden sowie auch für jeden der weiblichen Taster. An den Flügeldeckenorganen fallen vor allem zwei Fortsätze auf, die mit einem Haarpinsel enden, an dessen Grund das Geschmackssekret austritt (Tafel 5, oben). Der vollgesogene Pinsel serviert es der Mundhöhle des beißenden Weibchens. Auch die grubenartigen Organe am Kopf bieten an verschiedenen Stellen Sekret, wobei die Vertiefung kein Sammelbecken ist, sondern der Aufnahme der weiblichen Mundteile dient (Tafel 5, unten).

Auf dem Weidelgras geht es lebhaft zu

Auf dem Weidelgras frißt und balzt im Juli der 3,5 mm große, grün gefärbte und seiner langen Beine wegen sehr grazil wirkende Zipfelkäfer *Axinotarsus pulicarius*. Die nach einer Partnerin suchenden Männchen sind ständig unterwegs, denn die Begegnung bleibt ganz dem Zufall überlassen. Haben sich Männchen und Weibchen gefunden und durch eine kurze gegenseitige Fühlerberührung vom Geschlecht des Partners überzeugt, dann beginnt das Männchen sofort mit seinen Bemühungen. Es macht eine schnelle Kehrtwendung um 180° und bietet so dem Weibchen sein an den Spitzen der Flügeldecken befindliches Sekretorgan an. Das Weibchen beantwortet diese Aufforderung mit einem Biß in das Flügeldeckenorgan, der oft so heftig ist, daß das Männchen förmlich zurückgerissen wird (Tafel 6). Während des Bisses wirft das Männchen erregt die Hinterbeine empor. Der stürmischen weiblichen Sekretaufnahme folgt eine abermalige Kehrtwendung des Männchens, die zur Gegenüberstellung führt (Bild 30, e). In dieser Konfrontation bearbeitet man sich mit Fühlern und Vorderbeinen. Der Schlagabtausch wird im Verlauf der Balz immer heftiger und erregt die Partner auf mechanischem Weg. Durch erneute Organzuwendung und weiblichen Biß wird das frontale Spiel unterbrochen. Im ständigen Wechsel dieser Handlungen kann es eine halbe Stunde oder auch länger dauern, bis das Weibchen seinerseits eine Kehrtwendung ausführt und sich das Männchen dem Hinterende seiner Partnerin gegenübersieht (Bild 30, h). Nun kommt es zu einer für nahezu alle balzenden Zipfelkäfer charakteristischen Handlung: Das Männchen berührt mit Fühlern oder Mundwerkzeugen das Hinterende des Weibchens, das heißt, es fragt höflich an, ob es schon „darf". Ist das Weibchen doch noch nicht geneigt, sich begatten zu lassen, dann beantwortet es die Anfrage durch Rückdrehung und die Tiere stehen sich wieder gegenüber. Bleibt das Weibchen jedoch still sitzen, steigt das Männchen zur Begattung auf.

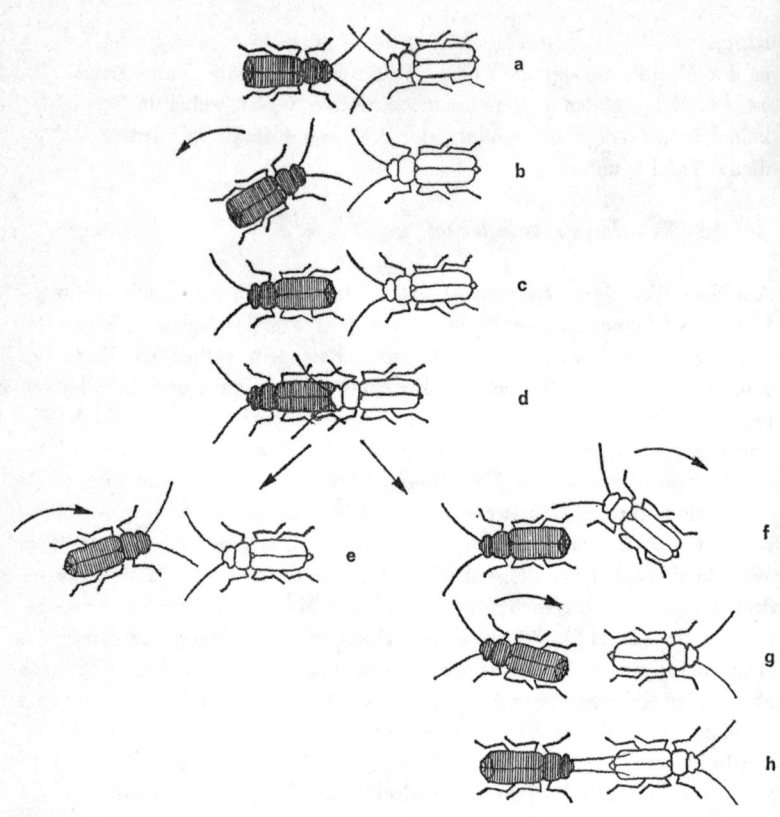

Bild 30. Balz des Zipfelkäfers Axinotarsus pulicarius (Männchen schwarz gezeichnet).
a Frontaler Fühlerkontakt, **b, c** Drehung des Männchens um 180°, **d** Biß des Weibchens
in das Sekretorgan, **e** Rückdrehung des Männchens zum Fühlerspiel, **f** Kehrtwendung
des Weibchens, **g** Rückdrehung des Männchens, **h** das Männchen berührt „anfragend"
das Hinterende der Partnerin.

Vertauschte Rollen

Auch das Männchen der schon erwähnten Herbst-Art *Anthocomus coccineus*
hat, wie unser Bild auf Tafel 5 oben zeigt, sein Sekretorgan an den Flügeldeckenspitzen. Es war schwierig, die Balz dieses hübschen Käfers zu beobachten und zu fotografieren, spielt sie sich doch an den im Herbstwind

hin und her schaukelnden Schilfrispen ab. Wir mußten deshalb im Windschatten einer Abschirmung fotografieren.

Im Vergleich zum „temperamentvollen" *Axinotarsus* verlaufen die Balzhandlungen dieser Art äußerst gemächlich, sozusagen in Zeitlupe. Das Weibchen knabbert „genießerisch" am männlichen Organ (Tafel 7, oben), wobei die Hinterbeine des Männchens langsame, kreisende Bewegungen ausführen. Selten kann man auch Knabberakte mit vertauschten Rollen beobachten. Das Männchen knabbert an den Flügeldeckenspitzen des Weibchens, obwohl sich dort ja kein Sekretorgan befindet, und das beknabberte Weibchen führt entsprechende Hinterbeinbewegungen aus wie das Männchen bei normaler Balz. Solche Umkehrungen zeigen deutlich, daß auch im Männchen weibliches und im Weibchen männliches Erbgut steckt. Besondere Erbfaktoren sorgen in der Regel dafür, daß nur das zum Geschlecht passende Verhalten verwirklicht wird.

Männliche Fühler als Reizorgan

Der kleine Zipfelkäfer *Anthocomus fasciatus* mißt wie *Axinotarsus* nur 3,5 mm, ähnelt diesem auch hinsichtlich seines Balzverhaltens und hat mit seinem großen Bruder vom Schilf eigentlich wenig Gemeinsamkeiten. Das Frontalspiel beschränkt sich bei dieser Art auf ein gegenseitiges Betrommeln der Fühler. Daß es bei dieser Handlung vor allem darauf ankommt, das Weibchen zusätzlich durch mechanische Reize in Stimmung zu versetzen, läßt sich bei *Anthocomus fasciatus* an den Fühlern des Männchens erkennen. Nur sie tragen an ihren sieben letzten Gliedern paarige, gesägte Membranen (Tafel 7, unten), mit denen die berührungsempfindlichen Sinnesorgane der weiblichen Fühler besonders wirksam gereizt werden können.

Das unermüdliche Männchen

Troglops albicans ist nur 3 mm groß und schwarz gefärbt. Er gilt als ein äußerst seltener Zipfelkäfer, bevölkert jedoch in den Monaten Juni und Juli eine Obstbaumgruppe am Rande eines Dorfes nicht weit von Erlangen in großer Zahl. Hier konnte auch sein wahrhaft rasantes Liebesleben beobachtet werden, das sich auf Ästen und Blättern dieses Baumbestandes abspielt.

Trifft ein Männchen auf ein weibliches Tier, dann wird es verfolgt, bis es gelingt, das Weibchen zu überholen, zu stellen und ihm das Kopfgrubenorgan — das Bild auf Tafel 5 (unten) zeigt den männlichen Kopf — anzubieten. Das Männchen versucht dabei, seinen Kopf mit der auffallend gelb gefärbten Grubenregion den weiblichen Mundwerkzeugen unterzuschieben, oder es fordert durch boxende Kopfstöße zum Knabbern am Sekretorgan auf. Sobald die Partnerin den Sekretgenuß unterbricht, eilt das Männchen zu ihrem Hinterende, um durch eine rückwärtige Berührung die Begattungsbereitschaft zu prüfen. Nach „Ablehnung" durch eine kurze Vorwärtsbewegung des Weibchens eilt das Männchen wieder zum Vorderende seiner Partnerin, um erneut das sekretspendende Kopforgan anzubieten. Da das Weibchen erst nach vielmaligem „Kosten" begattungsbereit ist, wechselt das Männchen ständig zwischen den beiden Handlungen „rückwärtige, prüfende Berührung" und „Kopfgrubenangebot". Der Stellungswechsel geschieht durch einen schnellen, gleitenden Seitwärtslauf, bei dem die Partnerin ständig im Auge behalten wird. So ist das kleine *Troglops*-Männchen fast ständig in Bewegung und umtanzt das weitgehend passive Weibchen, dessen Aktivität sich auf die Beschäftigung mit der männlichen Kopfgrube beschränkt. Wird nach langen Bemühungen des Männchens die rückwärtige Berührung endlich durch ruhiges Verharren des Weibchens beantwortet, dann steigt das Männchen zur Begattung auf. Während der Begattung verfällt das *Troglops*-Männchen vorübergehend in einen Starrezustand, klappt nach hinten und nimmt erst nach „Erwachen" die alte Reitstellung wieder ein. Im letzten Akt der *Troglops*-Balz wird sogar das Weibchen aktiv. Es dreht sich schnell im Kreise und versucht durch diese Karussellbewegung den nunmehr lästigen Reiter abzuschütteln, der jedoch noch lange Zeit fest im „Sattel" bleibt. Schließlich gelingt es dem Weibchen dann doch, sich durch Stemmbewegungen der Hinterbeine des Partners zu entledigen.

Gemeinsam mit dem Institut für den Wissenschaftlichen Film in Göttingen habe ich Balz und Begattung dreier Zipfelkäferarten im Film festgehalten.

Tafel 7. Oben: Auf einem Schilfblatt balzt ein Pärchen des Zipfelkäfers Anthocomus coccineus. Das Weibchen (rechts vorn) beißt in das Flügeldeckenorgan des Männchens.
Unten: Dieses Mikrofoto zeigt das letzte Glied eines männlichen Fühlers des Zipfelkäfers Anthocomus fasciatus. Deutlich sind die seitlichen gesägten Membranen zu erkennen.
Aufnahmen: Matthes

Auch die *Troglops*-Balz haben wir bei herrlichem Sommerwetter aufgenommen (Tafel 4, unten). Unsere Stars, ein Pärchen, das auf Gage verzichtete und dessen Männchen unermüdlich tanzte und Sekret anbot, hatte bereits eine Stunde vor der Kamera agiert, als ich in die Stadt fahren mußte, um eine Vorlesung zu halten. Ich kam nach neunzig Minuten zu dem unter Leitung von R. DRÖSCHER filmenden Aufnahmeteam zurück und mußte mit Erstaunen hören, daß man noch mit dem gleichen Pärchen arbeitete. Es wurde schon dunkel, als wir unsere Geräte einpackten, denn unser Supermann hatte an eine dreistündige Balz eine anderthalbstündige Begattung angeschlossen. Man ist tatsächlich versucht, die kürzere Lebensdauer der Männchen mit ihrem Eifer in Verbindung zu bringen!

Die Saison beginnt im Mai

Die Zipfelkäfersaison beginnt im Mai mit dem Auftreten von *Malachius bipustulatus*, einem 6 mm großen, grün gefärbten Käfer, der eine Vorliebe für den Blütenstaub des Wiesenfuchsschwanzes hat. Das Männchen hat eine ähnliche Kopfgrube wie *Troglops*. Die Balz geht hier jedoch sehr ruhig vonstatten, da das Weibchen sich lange und ausgiebig am männlichen Organ betätigt (Tafel 8, unten).

Die Vereinigung

Festhalten ist wichtig

Normalerweise besteigt das Männchen zur Begattung den Rücken des Weibchens und biegt seinen Hinterleib herum, um das Geschlechtsglied,

---

Tafel 8. Oben: Das Männchen des Kronenkäfers (Cerocoma) steht über seinem Weibchen und fächelt ihm mit den Vorderbeinen Duft zu. Unter den bizarren Fühlern des Männchens erkennt man die verdickten Unterkiefertaster. Das Weibchen drückt seinen Kopf an die Blüte — es ist paarungswillig.
Unten: Das Weibchen des Zipfelkäfers Malachius bipustulatus knabbert in der Kopfgrube des Männchens (links), das erregt die Vorderbeine hochwirft. Aufnahmen: Matthes

den Penis, einzuführen. Zuvor muß jedoch das männliche Begattungsglied ausgestülpt werden. Dies geschieht entweder durch Druck der Blutflüssigkeit oder eine besondere Muskulatur. Wie wir schon erfuhren, kann die Begattung jedoch auch in anderen Stellungen vollzogen werden; das Weibchen kann sich über dem Männchen befinden, die Partner können sich ihre Hinterenden zukehren oder aber auch nebeneinander sitzen, so daß ihre Körper einen spitzen Winkel bilden. Oft entfaltet sich das Begattungsglied erst voll in den weiblichen Geschlechtswegen, um diese gegen Samenverlust abzudichten. Käfer stülpen im weiblichen Tier eine Penisblase aus. Während sich diese mit Samenmasse füllt, verfällt das Männchen sehr häufig in einen lethargischen Zustand, in dem es aus der Reitstellung nach hinten überkippt. Der Maikäfer *(Melolontha melolontha)* und der Zipfelkäfer *Troglops* sind Beispiele dafür. Auch hakenartige Anhänge am oder in der Nachbarschaft des männlichen Gliedes können zum Verschluß der weiblichen Öffnung eingeführt werden oder verhaken sich außen am Hinterleib der Partnerin, um eine feste Verbindung der Partner herzustellen. So entstehen oft recht komplizierte „Genitalarmaturen".

Viel einfacher sind jene Einrichtungen, die es dem Männchen erleichtern, bei der Begattung „sattelfest" zu bleiben. Die Männchen einiger Zipfelkäfergattungen (u. a. *Axinotarsus)* zeigen an ihren Vorderbeinen eine Verlängerung ihres zweiten Fußgliedes, die an ihrer Spitze einen aus kräftigen Zähnen zusammengesetzten Kamm trägt. Das folgende dritte Glied ist so in der Mitte des zweiten eingelenkt, daß der ganze restliche Fußteil schräg nach hinten weggeklappt werden kann, wodurch der Kamm zum Endstück des nunmehr verkürzten Vorderbeins wird (Bild 31). Bei der Auswertung unseres *Axinotarsus*-Filmes bestätigte sich, was ich schon vermutete: Das Männchen hält sich bei der Begattung mit den beiden Vorderbeinkämmen am Weibchen fest.

Auch eines der größten Wasserinsekten, der in unseren Teichen lebende Gelbrandkäfer *(Dytiscus)*, hat im männlichen Geschlecht auffallend umgebildete Vorderbeine. Die ersten drei Fußglieder sind so stark verbreitert, daß sie sich zu einer Scheibe ergänzen, deren Rand mit gekrümmten Borsten besetzt ist. Auf dem ersten Fußglied sitzt ein großer und ein mittelgroßer gestielter Saugnapf, und über alle drei Glieder sind etwa 150 viel kleinere Saugnäpfe verteilt (Bild 32). Solch kleine Saugnäpfe befinden sich auch auf den nur wenig verbreiterten drei ersten Fußgliedern der

Bild 31. In der Zipfelkäfergattung Axinotarsus haben die Männchen am zweiten Fußglied einen Kamm zum Festhalten.

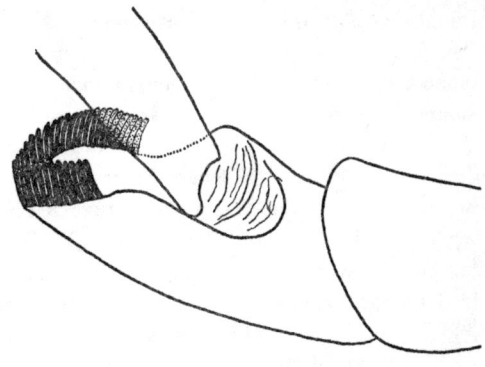

männlichen Mittelbeine. Wozu diese Bildungen, die ähnlich wie die Saugscheiben an Schaufenstern und Aquarienwänden funktionieren? Der Leser hat es längst erraten — sie dienen der Festheftung auf dem recht glatten Weibchen, und da die Gelbrandkäferbegattung eine höchst gewalttätige Angelegenheit ist, sind die Saugnäpfe wirklich vonnöten.

Das Männchen überfällt seine Partnerin von oben und heftet sich sofort mit den Saugscheiben der Vorder- und Mittelbeine an ihr fest. Durch abwechselndes Strecken seiner Mittelbeine und entsprechende Bewegungen der zu Rudern umgebildeten Hinterbeine versetzt er dann das Weibchen in schaukelnde Bewegungen. Vermutlich wird es dadurch geschlechtlich erregt. Als Insekt ist der Gelbrandkäfer an die Aufnahme atmosphärischer Luft gebunden. Deshalb

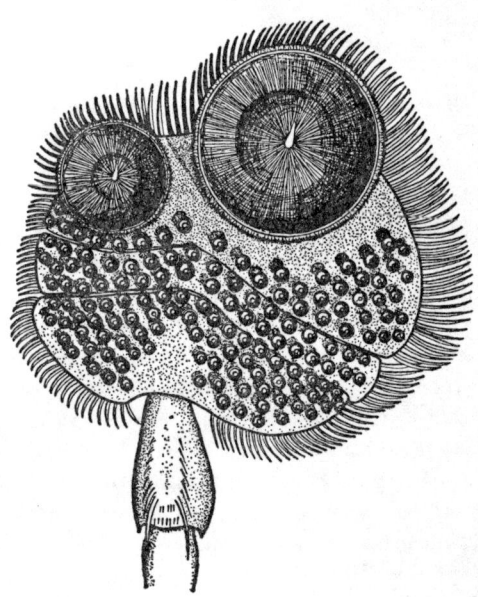

Bild 32. Die drei ersten Fußglieder an den Vorderbeinen des Gelbrandkäfermännchens sind verbreitert und mit großen und kleinen Saugnäpfen besetzt.

5*

bringt das Männchen sein Hinterende auch während des lange dauernden Begattungsvorganges immer wieder an die Wasseroberfläche, um Luft zu tanken, eine Notwendigkeit, die er dem Weibchen nicht gönnt. Deshalb kommt es auch vor, daß ein Gelbrandweibchen beim Liebesakt erstickt. Der Samen wird als Paket in eine Begattungstasche entleert, aus der er dann vom Weibchen in seinen Samenbehälter gepumpt wird, wo er neun Monate frisch bleibt. Wenn nach Stunden die ganze Prozedur vorbei ist, zeigt auch dieser brutale Mann ein „käferliches Rühren". Er bleibt noch bei seinem Weibchen, das sehr ermattet und unterkompensiert gar nicht in der Lage ist, aus eigener Kraft an die Wasseroberfläche zu schwimmen und Luft zu holen. Er hilft ihr mehrmals bei der Luftbeschaffung, und erst wenn das Weibchen wieder fit ist, trennt sich das Paar, indem das Männchen die Haftapparate über den Körperrand des Weibchens hinwegschiebt. Allerdings soll es auch vorkommen, daß das noch ermattete Weibchen am Schluß vom Männchen gefressen wird. Ein derart tragisches Ende nimmt im Tierreich aber meist das Männchen. Unter den Insekten ist die Gottesanbeterin solch ein Spezialist für Männermord.

Der kopflose Liebhaber

Obwohl sie völlig anders ausschauen und eine sehr andersartige Lebensweise führen, sind die Fangschrecken (Mantodea) mit den Schaben nahe verwandt. Die wärmeliebenden, tagaktiven Tiere sind ausgesprochene Räuber, die den mit großen Komplexaugen ausgestatteten Kopf nach allen Seiten drehen können und Insekten bis zu eigener Körpergröße überwältigen. Dazu benutzen sie ihre Vorderbeine, die zu wirkungsvollen Fangbeinen entwickelt sind. Beim Beutefang werden sie blitzschnell vorgeschleudert, und die mit Dornen besetzte Schiene klappt wie ein Taschenmesser gegen den Schenkel. Aus dieser Zange gibt es kein Entrinnen. In der Ruhestellung sind die Fangbeine zusammengeklappt, und es entsteht das Bild eines friedlichen Beters, von dem in den mohammedanischen Ländern sogar behauptet wird, er bete mit dem Gesicht nach Mekka.

In den Mittelmeerländern kann man im Spätsommer die Fangschrecken und vor allem die Gemeine Gottesanbeterin *(Mantis religiosa)* kennenlernen. Da sie nach Nordamerika verschleppt wurde, kommt sie auch dort vor. Die Tiere sind grün oder braun gefärbt, die kleinen Männchen erreichen 6,5 cm, die Weibchen werden bis zu 8 cm groß. In Malaysia gibt es eine Fangschrecke *(Hymenopus)*, die auf den roten Blüten einer Orchidee lebt, der sie so sehr ähnelt, daß Insekten bei ihr Nektar suchen — ein Unterfangen, das tödlich endet.

Wie aber steht es mit dem bereits angekündigten Gattenmord? Der kleine *Mantis*-Mann nähert sich dem Riesenweib sehr langsam und läßt die Dame dabei nicht aus den Augen. Sobald sich das Weibchen bewegt, erstarrt das Männchen, um dann wieder in der Annäherung fortzufahren. Das kann Minuten, aber auch Stunden dauern. Endlich auf Körperlänge herangekommen, hüpft das Männchen flatternd auf das Weibchen, setzt sich auf seinem Rücken fest und beklopft mit seinen Fühlern den weiblichen Kopf. Nach fünf bis dreißig Minuten erst gelingt es ihm, den Penis einzuführen. Bei der mehrere Stunden dauernden Begattung wird ein weißes Samenpaket übergeben. Das Weibchen verhält sich bei diesen Vorgängen passiv, es sei denn, es entschließt sich dazu, den Gatten zu verzehren. Dies tut es aber nie während der Begattung, sondern entweder bei der Annäherung des Männchens oder beim Besteigen, oder gar erst bei der Trennung. Benimmt sich ein Männchen geschickt, dann muß es nicht Opfer der weiblichen Freßlust werden. Man hat durchaus Männchen beobachtet, die mehrfach das gleiche Weibchen begatteten oder verschiedene Artgenossinnen mit ihrem Besuch beehrten, ohne ihren Kopf einzubüßen. FABRE berichtet höchst entsetzt über die *Mantis*-Begattung: „Ich überraschte eines meiner isolierten Paare in folgender gräßlicher Situation. Das Männchen hält während seiner vitalen Funktion das Weibchen eng umschlungen. Aber das unglückselige Insekt hat keinen Kopf mehr; es hat keinen Hals und fast keinen Vorderleib mehr. Das Weibchen aber, mit der über die Schulter zurückgedrehten Schnauze, fährt ganz gemütlich damit fort, die Reste des süßen Liebhabers zu verzehren. Und dieser männliche, fest an es angeklammerte Stumpf, fährt in seiner Verrichtung fort. Die Liebe ist stärker als der Tod, hat man gesagt. Wortwörtlich genommen, hat wohl nie ein Aphorismus eine glänzendere Bestätigung gefunden. Ein Enthaupteter, ein bis zur Leibesmitte Amputierter, ein Kadaver beharrt dabei, Leben zu spenden. Er wird damit aufhören, wenn der Hinterleib, der Sitz der Zeugungsorgane, angefressen wird. Den Freier auffressen, wenn die Hochzeit vollzogen ist, diesen erschöpften Zwerg, der jetzt zu nichts mehr nütze ist, das kann man bei den in Gefühlssachen wenig zimperlichen Insekten allenfalls noch begreifen — ihn aber während des Aktes anzuknabbern, das übersteigt denn doch alles, was man sich an Greueln vorstellen kann. Ich habe es gesehen, mit eigenen Augen, ich habe mich von meiner Überraschung noch nicht erholt."

Selbstverständlich haben Insekten keine Gefühle im menschlichen Sinn. Sie sind weder gut noch böse, sondern sie tun einfach das, was ihnen ihr Instinktprogramm vorschreibt. Wenn das *Mantis*-Weibchen dem sich nähernden Männchen den Kopf und einen Teil der Vorderbrust abfrißt, dann hat das eigenartige Schreitbewegungen des Enthaupteten zur Folge, wie man sie bei intakten Tieren nie beobachtet. Diese Bewegungen führen das Männchen schließlich in eine zum Weibchen parallele Stellung, von der aus die Partnerin bestiegen wird. Dann begattet das kopflose Männchen stundenlang, und auch das dabei übertragene Samenpaket ist völlig normal. Der amerikanische Physiologe K. R. ROEDER und seine Mitarbeiter konnten nachweisen, daß beim *Mantis*-Männchen von einem unterhalb des Gehirns liegenden Nervenzentrum, dem Unterschlundganglion, Impulse ausgehen, von denen die geschlechtliche Aktivität gehemmt wird. Bei einem echten Weibchenkontakt wird diese Hemmung weitgehend beseitigt. Sie fällt völlig weg, wenn das Weibchen den Kopf abbeißt, und man könnte überspitzt feststellen, der enthauptete Mann begattet besser.

Ein umständliches Verfahren

Die Libellen (Odonata) gehören zu den schönsten und größten Insekten. Sie sind räuberische Augentiere. Ihre mächtigen Komplexaugen nehmen einen großen Teil des sehr beweglichen Kopfes ein und bestehen aus 10 000 bis 30 000 Einzelaugen. Mit ihnen finden sie Beute, Geschlechtspartner und den Eiablageplatz. Ihr außerordentliches Fluggeschick danken die Libellen ihren vier Flügeln, die zum Teil von direkten Flugmuskeln bewegt werden und bei den Kleinlibellen (Zygoptera) gleichgestaltet sind, während die Flügelpaare der Großlibellen (Anisoptera) Unterschiede zeigen. Da die Larven der Libellen Wasserbewohner sind, werden die Eier entweder direkt ins Wasser gelegt oder in die Stengel von Wasserpflanzen versenkt.

Es kommt im Tierreich hin und wieder vor, daß der Samen nicht mit dem männlichen Geschlechtsglied übertragen wird, sondern daß ein ganz anderer Apparat, eventuell eine völlige Neubildung, diese Aufgabe übernimmt. So ist es auch bei den Libellen. Ihre Männchen haben am zweiten und dritten Hinterleibsabschnitt, also ziemlich dicht hinter der Brust, einen sehr kompliziert gebauten Samenübertragungsapparat. Die Geschlechtsöffnung, aus der der Samen austritt, liegt jedoch konservativ im neunten Hinterleibsabschnitt, also weit vom Übertragungsmechanismus entfernt. Deshalb muß das Männchen vor der Begattung seinen Hinterleib nach

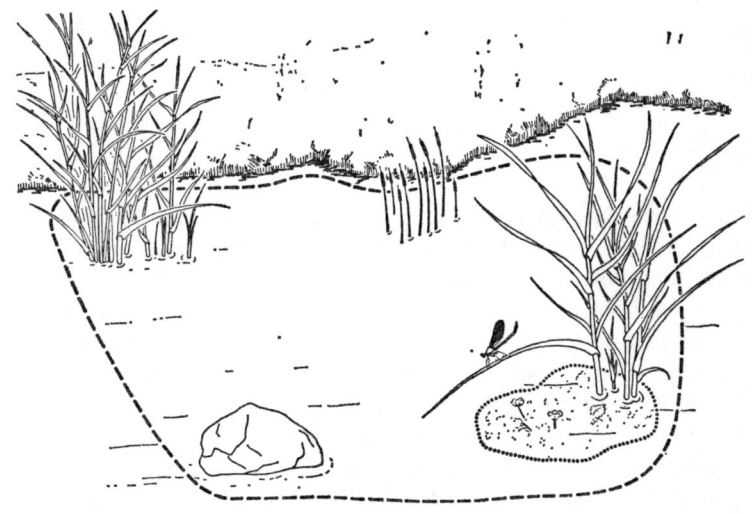

Bild 33. Calopteryx-Männchen im Revier sitzend. Gestrichelte Linie: Revierbegrenzung. Punktierte Linie: Eiablageplatz.

vorn biegen, um den Samenbehälter an der Übertragungseinrichtung aus der hinten gelegenen Geschlechtsöffnung mit Samenmasse zu füllen. Die Männchen mancher Arten tun dies, noch ehe sie sich mit einem Weibchen eingelassen haben, andere füllen erst in Gegenwart der Partnerin.

Da die zu den Kleinlibellen gehörende gebänderte Prachtlibelle *(Calopteryx splendens)* von Frau Dr. CHR. BUCHHOLTZ und von Dr. A. HEYMER sehr gründlich beobachtet wurde, wollen wir an ihrem Beispiel die Geschehnisse bis zur Begattung verfolgen.

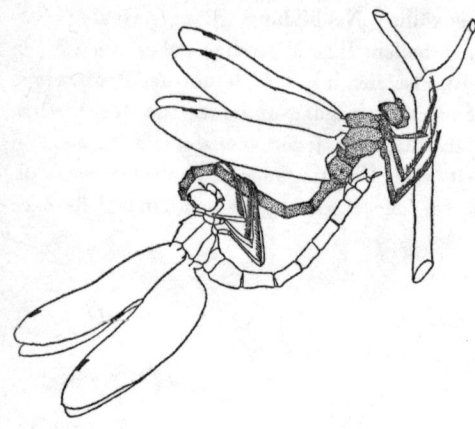

Bild 34. Begattungsrad der Blaugrünen Mosaikjungfer (Aeschna cyanae). Das Männchen (schwarz gezeichnet) packt das Weibchen nach Art der Großlibellen mit seinen Zangen direkt hinter dem Kopf.

Das Männchen besetzt zunächst an einem zur Eiablage geeigneten Gewässer ein Revier, in dem es jagt, auf ein Weibchen wartet und aus dem es Rivalen vertreibt. Von einem bevorzugten Sitzplatz aus kann es sein Revier übersehen, und von hier startet es auch Rundflüge, deren Weg genau der von ihm festgelegten Reviergrenze entspricht. Innerhalb dieses durch die Patrouillenflüge abgegrenzten Reviers fliegt das Männchen noch einen zweiten kleineren Bereich ab, der sich durch Pflanzenwuchs und geringe Wasserbewegung auszeichnet (Bild 33). Dies ist der künftige Eiablageplatz, der vom Männchen ausgesucht wird, noch ehe ihm die Eilegerin bekannt ist. Läßt sich ein Weibchen im Revier des Männchens nieder, dann landet das Männchen auf der Oberseite der weiblichen Brust, biegt seinen Hinterleib herum und füllt zunächst einmal seinen Begattungsapparat mit Samen. Anschließend packt er das Weibchen mit einem Zangenpaar seines Hinterleibsendes. Großlibellen greifen ihre Weibchen direkt hinter dem Kopf (Bild 34), unsere Prachtlibelle faßt etwas weiter hinten an der Vorderbrust zu. Damit hängt das Weibchen am männlichen Hinterende. In dieser „Tandemstellung" kann sich ein kurzer Flug anschließen. Nach erneuter Landung löst sich das Weibchen von der Unterlage, wird vom Männchen in der Schwebe gehalten und biegt nun sein Hinterleibsende zum männlichen Übertragungsapparat, um sich dort zu verankern und den Samen aufzunehmen (Bild 34). Damit ist das für die Libellenbegattung so charakteristische Begattungsrad gebildet. Bei anderen Arten vollzieht sich die Radbildung im Flug, denn auch derart vereinigt können sich die Tiere recht geschickt fliegend fortbewegen. In der Radstellung verbleibt die Prachtlibelle ungefähr neunzig Sekunden. Andere Libellen sieht man viel länger als Begattungsrad vereint. Nach der Trennung folgt die Eiablage, die vom Männchen überwacht wird. Andere Libellenarten bleiben sogar bei dieser Tätigkeit als Tandem verbunden.

Die Samenspritze

Wenn das Männchen bei der Begattung mit nach unten gebogenem Hinterleib und schräg auf seinem Weibchen sitzt wie das der Bettwanze *(Cimex lectularius)*, dann muß das einen besonderen Grund haben (Bild 35). Dieser Grund heißt „Ribagasches Organ", und gemeint ist eine blindgeschlossene Tasche am Bauch des Weibchens. Statt dessen normale und auch vorhandene Geschlechtsöffnung zu benutzen, wird der dolchartige Penis hier eingeführt. Er durchstößt den Taschenboden und injiziert den Samen in ein darunterliegendes Gewebe. Von dort aus gelangen die Samenzellen in die eigentlichen Samenbehälter der weiblichen Wanze. In der ganzen Bettwanzen-Verwandtschaft ist diese Injektionsmethode üblich, wobei die Spritze meist wahllos an irgendeiner Stelle des weiblichen Hinterleibes eingestochen wird. Da die Blutsauger lange Zeit auch ohne Nahrung auskommen können, vermutet man sogar, daß die überschüssigen Spermien eine Zusatznahrung darstellen.

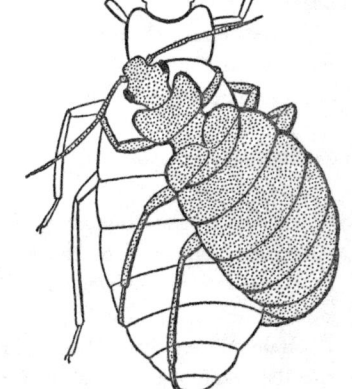

Geschlechtskranke Käfer

Laboulbeniales nennt man eine Ordnung höherer, aber sehr kleiner Pilze. Sie sind von recht abenteuerlicher Gestalt (Bild 36) und leben festgewachsen auf Land- und Wasserinsekten. Mittels ihres Fußes entziehen sie ihrem

Bild 35. Bettwanzenpärchen bei der Begattung. Das Männchen (schwarz gezeichnet) sticht sein Geschlechtsglied in eine Bauchtasche des Weibchens ein.

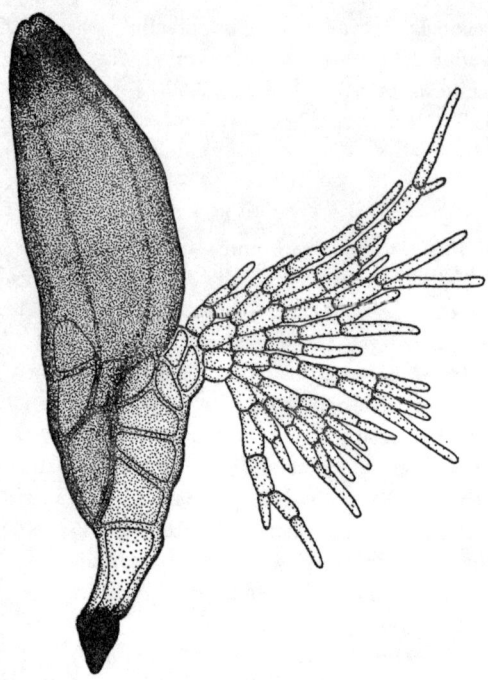

Wirt Nahrung und sind deshalb als echte Parasiten zu betrachten. Der Zoologe Dr. SCHELOSKE schrieb ein dickes Buch über diese Pilze und machte die interessante Feststellung, daß Käfer sich ihren Pilzbefall meist bei der Begattung zuziehen. Die Weibchen sind vorwiegend auf dem Rükken mit Pilzen besetzt, während die Männchen auf ihrer Bauchseite bepilzt sind. So unglaublich es klingt, man kann sogar anhand des Pilzbesatzes auf die Begattungsstellung der befallenen Wirte schließen und auch feststellen, ob nur einmal oder öfter begattet wird. Auch die perversen Versuche männlicher Käfer, sich untereinander zu begatten, kann man an der pflanzlichen Geschlechtskrankheit erkennen.

Zwittertum ist selten

In meinem Kosmos-Bändchen „Tiere miteinander" stellte ich Insekten vor, die in den Bauten von Ameisen und Termiten leben und dafür „Miete" in Form von Sekreten zahlen, die sie abscheiden und den Nestbesitzern zum Ablecken anbieten. Allerdings hat auch dieses Symphilie genannte Zusammenleben einen Haken. In vielen Fällen nämlich vergreifen sich die spendierfreudigen Mitbewohner an der Brut der Hausherren.

82

Zu den Mietern in Afrika und Indien beheimateter Termiten gehören sehr eigenartige Buckelfliegen, die Termitoxenien. Sie haben nur noch Flügelstummel und gehören zu den ganz wenigen Insekten, die Männchen und Weibchen in einer Person, also Zwitter (Hermaphroditen) sind. Das aus der Puppe schlüpfende Insekt hat bereits zwei getrennte Geschlechtsöffnungen. Sein Hinterleib ist klein, weshalb man es auch kurzbäuchig (stenogastrisch) nennt. Dieses Tier befindet sich im männlichen Stadium (Bild 37, oben). In der darauf folgenden weiblichen Phase (Bild 37, unten) schwillt der Hinterleib stark an, die Fliege wird blasenbäuchig (physogastrisch), da sich in ihr ein einziges großes Ei entwickelt. Vorher muß jedoch ein kurzbäuchiger, sprich „männlicher" Kollege die Begattung vorgenommen haben, oder aber — das geht nämlich auch — das Tier hat sich selbst begattet. Das Ei ist so groß, weil es schon Nährstoffe für die fertige Fliege mitbringen muß, denn die schlüpfende Larve verpuppt sich bereits nach wenigen Minuten.

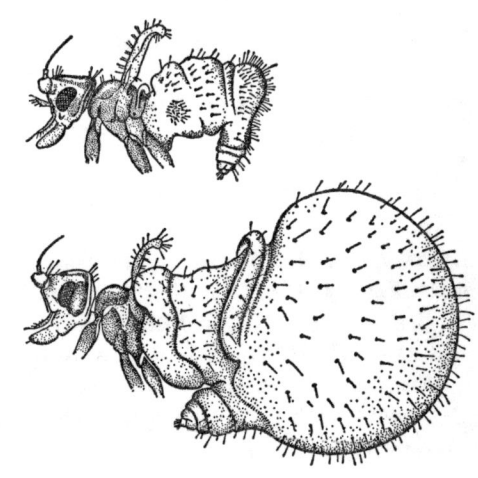

Bild 37. Zwittrige Termitenfliege (Termitostroma). Oben im kurzbäuchigen männlichen, unten im blasenbäuchigen weiblichen Stadium.

Literaturhinweise

Zusammenfassende Schriften

BASTOCK, M. (1969): Das Liebeswerben der Tiere. — Gustav Fischer (Stuttgart).

BUDDENBROCK, W. v. (1953): Das Liebesleben der Tiere. — Athenäum (Bonn).

BUNSEL, R. G. (1963): Acoustic behaviour in animals. — Elsevier (Amsterdam).

BURKHARDT, D., W. SCHLEIDT u. H. ALTNER (1966): Signale in der Tierwelt. — Moos (München).

EIBL-EIBESFELDT, I. (1967): Grundriß der vergleichenden Verhaltensforschung. — Piper (München).

EIDMANN, H., u. F. KÜHLHORN (1970): Lehrbuch der Entomologie. — Parey (Hamburg, Berlin).

ENGELMANN, F. (1970): The Physiology of Insect Reproduction. — Pergamon Press (Oxford, Braunschweig).

FABRE, J. H. (1951): Souvenirs entomologiques. Librairie Delagrave (Paris).

GÜNTHER, K., H. J. HANNEMANN, F. HIEKE u. H. SCHUMANN (1968): Insekten. In Urania Tierreich. — Urania (Leipzig, Jena, Berlin).

JACOBS, W. (1953): Verhaltensbiologische Studien an Feldheuschrecken. — Beiheft 1 zur Zeitschrift für Tierpsychologie. Parey (Hamburg, Berlin).

KLOTS, A. (1959): Das Tierbuch in Farben. Insekten. — Knaur (Zürich).

MEISENHEIMER, J. (1921): Geschlecht und Geschlechter. I. Die natürlichen Beziehungen. — Gustav Fischer (Jena).

NAUMANN, H. (1955): Der Gelbrandkäfer. — Brehm-Bücherei Nr. 162, Ziemsen (Wittenberg).

OSSIANNILSSON, F. (1949): Insect Drummers. — Opusc. Entomol. Supplement 10.

ROEDER, K. R. (1968) : Neurale Grundlagen des Verhaltens. Beispiele aus der Insektenwelt. — Huber (Bern, Stuttgart).

SCHALLER, F. (1962) : Die Unterwelt des Tierreichs. — Verständliche Wissenschaft. 48. Band. Springer (Berlin, Göttingen, Heidelberg).

SNODGRASS, R. E. (1967) : Insects. Their Ways and Means of Living. — Dover Publications (New York).

TUXEN, S. L. (1967) : Insektenstimmen. — Verständliche Wissenschaft. 88. Band. — Springer (Berlin, Göttingen, Heidelberg).

WEBER, H. (1954) : Grundriß der Insektenkunde. — Gustav Fischer (Stuttgart).

Speziellere Schriften

BUCHHOLTZ, C. (1951) : Untersuchungen an der Libellen-Gattung *Calopteryx* Leach unter besonderer Berücksichtigung ethologischer Fragen. — Z. f. Tierpsych. **8**, 273—293.

BUTLER, C. G. (1967) : Insect pheromones. — Biol. Rev. **42**, 42—87.

CARAYON, J. (1964) : Un cas d'offrande nuptiale chez les Heteropteres. — C. R. Acad. Sci. Paris **259**, 4815—4818.

FISCHER, J. (1969) : Zur Fortpflanzungsbiologie von *Chironomus nuditarsis* Str. — Rev. Suisse **76**, 23—55.

GRUHL, K. (1962) : *Hilaria sartor* Becker, die Fliege mit dem Schleierchen und ihr Tanz (Diptera). — Mitt. Deut. Ent. Ges. **21**, 8—12, 25—30, 43—47.

HARZ, K. (1956) : Die Eichenschrecke und ihr Trommeln. — Natur und Volk **86**, 203—205.

HEYMER, A. (1970) : Optische Reviermarkierung bei Libellen. — Umschau 1970 (H. 21), 684.

HOHORST, W. (1937) : Die Begattungsbiologie der Grille *Oecanthus pellucens* Scopoli. — Z. Morph. Ök. Tiere **32**, 227—275.

HUBER, F. (1955) : Sitz und Bedeutung nervöser Zentren für Instinkthandlungen beim Männchen von *Gryllus campestris*. — Z. f. Tierpsych. **12**, 12—48.

MAGNUS, D. (1950) : Beobachtungen zur Balz und Eiablage des Kaisermantels *Argynnis paphia* L. (Lep., Nymphalidae). — Z. f. Tierpsych. **7**, 435—449.

MARKL, H. (1969): Verständigung durch Vibrationssignale bei Arthropoden. — Naturwiss. **56**, 499—505.

MARKL, H., u. M. LINDAUER (1965): Physiology of Insect Behaviour. In: ROCKSTEIN, M.: The Physiology of Insecta. — Acad. Press (New York, London).

MATTHES, D. (1962): Excitatoren und Paarungsverhalten mitteleuropäischer Malachiiden. — Z. Morph. Ök. Tiere **51**, 375—546.

MATTHES, D. (1970): *Malachius bipustulatus* (Malachiidae). Balz und Kopulation. — Encyclopaedia Cinematographica.

MATTHES, D. (1970): *Troglops albicans* (Malachiidae). Balz und Kopulation. — Encyclopaedia Cinematographica.

MATTHES, D. (1970): Die Fächelbalz von *Cerocoma schäfferi* (L.) (Coleopt., Meloidae). — Zool. Anz. **33** Suppl., 316—322.

MATTHES, D. (1971): Das Sexualverhalten des Malachiiden *Anthocomus (Anthocomus) coccineus* Schall. (Coleoptera, Malacodermata). — Z. f. Tierpsych. **29**, 113—120.

MATTHES, D. (1971): *Axinotarsus pulicarius* (Malachiidae). Balz und Kopulation. — Encyclopaedia Cinematographica.

MATTHES, D. (1972): Die Balz der Spanischen Fliege *(Lytta vesicatoria)*. Zool. Anz. (im Druck).

PRIESNER, E. (1968): Die interspezifischen Wirkungen der Sexuallockstoffe der Saturniidae (Lepidoptera). — Z. vergl. Physiol. **61**, 263 bis 297.

RÖMER, F. (1970): Einfluß von Temperatur und Alter auf die Flugtonhöhe beim Schwärmen von *Chironomus plumosus* L. — Rev. Suisse **77**, 603—616.

ROTH, L. M., u. E. R. WILLIS (1952): A study of cockroach behavior. — Am. Midland Naturalist **47**, 66—129.

RUPPRECHT, R. (1968): Das Trommeln der Plecopteren. — Z. vergl. Physiol. **59**, 38—71.

SCHALLER, F. (1964): Das Paarungsverhalten der Bodentiere. — Naturw. Rundsch. **17**, 384—391.

SCHELOSKE, H. W. (1969): Beiträge zur Biologie, Ökologie und Systematik der Laboulbeniales. — Parasitol. Schriftenreihe, H. 19. Gustav Fischer (Jena).

SCHWALB, H. H. (1961): Beiträge zur Biologie der einheimischen Lampyriden *Lampyris noctiluca* und *Phausis splendidula* und experimentellen Analyse ihres Beutefang- und Sexualverhaltens. — Zool. Jahrb. (Syst.) **88**, 399—550.

STRÜBING, H. (1959): Lautgebung und Paarungsverhalten von kleinen Zikaden. — Zool. Anz. **23**. Suppl., 118—120.

TINBERGEN, N. u. Mitarb. (1943): Die Balz des Samtfalters *Eumenis (= Satyrus) semele* (L.). — Z. f. Tierpsych. **5**, 182—226.

VOGEL, S. (1966): Parfümsammelnde Bienen als Bestäuber von Orchideen und Gloxinia. — Österr. Bot. Zeitschr. **113**, 302—361.

WILLE, J. (1920): Biologie und Bekämpfung der deutschen Schabe *(Phyllodromia germanica)*. — Z. angew. Ent. Beih. 1 zu Bd. 7.

Quellennachweis

Bild 1: Nach H. Weber, Grundriß der Insektenkunde. Stuttgart 1954, verändert.
Bilder 2, 3, 4, 16, 37: Nach H. Eidmann, Lehrbuch der Entomologie. Berlin 1941, verändert.
Bilder 5, 6, 8: Nach F. Schaller, Naturwissenschaftliche Rundschau 17. 1964, verändert.
Bilder 7, 9, 10, 11, 12: Nach F. Schaller, Die Unterwelt des Tierreichs. Berlin, Göttingen, Heidelberg 1962, verändert.
Bild 15: Nach Urania Tierreich Insekten. Leipzig, Jena, Berlin 1968, verändert.
Bilder 18, 19, 35: Nach H. Weber, Biologie der Hemipteren. Berlin 1930, verändert.
Bild 21: Nach W. Forster, Knaurs Insektenbuch. München, Zürich 1968, verändert.
Bild 22: Nach G. Seifert, Entomologisches Praktikum. Stuttgart 1970, verändert.
Bild 28: Nach F. Engelmann, The Physiology of Insect Reproduction. Oxford 1970, verändert.
Bild 32: Nach C. Wesenberg-Lund, Biologie der Süßwasserinsekten. Berlin, Wien 1943, verändert.
Bild 33: Nach A. Heymer, Umschau 70. 1970, verändert.

Sachregister

Namenverzeichnis